SPICA

© Spica Verlag GmbH
1. Auflage, März 2018

Alle Rechte vorbehalten. Das Werk darf – auch teilweise –
nur mit Genehmigung des Verlages wiedergegeben werden.
Für den Inhalt des Werkes zeichnet der Autor selbst verantwortlich.

Autor: Hubert Michelis
Gesamtherstellung: Spica Verlag GmbH
Umschlagabbildung: © Fotolia - freshidea

Printed in Europe
ISBN 978-3-946732-37-2

Hubert Michelis

REVOLUTIONS GEFLÜSTER

DEUTSCHLAND, DEUTSCHLAND ÜBER ALLEM ...

– ROMAN –

www.spica-verlag.de

Inhalt

Vorwort

Die urdeutschen Träume vom Lebensraum im Osten waren durch das Desaster des Krieges wie eine Seifenblase zerplatzt, die Bevölkerung ausgebombt, ausgehungert und deprimiert. Vielen war nichts als das nackte Leben geblieben und jeder versuchte, das Beste aus der Misere zu machen. Die Hoffnung, dass es aufwärtsgehen würde, trieb diese Menschen an, desillusionierte, traumatisierte Menschen. Ja, eines Tages würde es besser werden, wenn man nur die Ärmel hochkrempelte! Das wurde zum Leitspruch der Überlebenden. Sie packten zu und schufteten bis zum Umfallen; selbst die Kinder waren eingespannt. In kürzester Zeit und mit einfachsten Mitteln wurden inmitten riesiger Schutt- und Trümmerberge Häuser aus dem Nichts gestampft, Fabriken und ganze Städte wiederaufgebaut. Materieller Fortschritt war angesagt. Es ging pragmatisch und nüchtern zu, eine humorlose Zeit ohne viel Freude, nicht jedoch ohne Ziel. Man träumte davon, sich wieder einmal satt essen zu können und irgendwann später von einem besseren Leben und bescheidenem Wohlstand. An ein irdisches Paradies wagten die Menschen allerdings nicht zu glauben, denn dem Sozialismus misstrauten sie, als hätten sie geahnt, dass er nicht funktionieren würde.

Seit Anfang der 1950er Jahre wurde es merklich besser, und irgendwann wollte man wieder auf etwas stolz sein. Auf Blut und Vaterland konnte man das nicht. Das war Vergangenheit, tiefste, abscheulichste Vergangenheit und tabu. Aber benötigte ein demoralisiertes

Volk nicht neue Werte, die es motivierten, sich neu zu erfinden? *Freiheit, Wohlstand* und *Sicherheit* hießen die Schlagworte jener Zeit und Konrad Adenauer schien ihr Garant. Immer noch malochten die Leute von früh bis spät, saugten aus ihrem Tun neuen Mut und gewannen an Selbstbewusstsein, beinahe so, als verliehe ihnen dies ihre Existenzberechtigung und vielleicht sogar einen Lebenssinn. Als Deutschland 1954 Fußballweltmeister wurde, war der Jubel unvorstellbar groß. Endlich war man als Deutscher wieder wer, und im ausgelassenen Wir-Gefühl einer ganzen Nation im Fußballrausch erlebte das arg gebeutelte Land seine Wiedergeburt: Als das *Wunder von Bern* wurde dieser Erfolg hochstilisiert. Die Fußballweltmeister avancierten über Nacht zu Volkshelden und gingen in die Geschichte ein. Wurden sie nicht beinahe zu Helden und Halbgöttern verklärt, die fortan an deren Seite ihren Platz in der Walhalla einnahmen? Die Menschen der Nachkriegszeit benötigten solche Zeichen und Wunder, Mythen wohl, die ihrer Existenz Sinn verliehen und sie lebenswerter machten.

Schon schickten die Deutschen sich an, die ersten Früchte ihrer Arbeit und Mühen zu ernten, wagten es zaghaft, sich erste kleine Freuden und Vergnügungen zu gönnen: *Neckermann macht's möglich!* war eine der Parolen, die den neuen Zeitgeist perfekt zum Ausdruck brachte. Zu erschwinglichen Preisen kaufte man schicke Klamotten, schaffte sich bessere Möbel an oder sparte sich das erste Automobil vom Munde ab. Kaum hatte man Italien als Urlaubsland entdeckt, waren schon Gastarbeiter im Anmarsch, Arbeitsmigranten, die bei uns händeringend gebraucht wurden. Sie hatten nicht nur großen Anteil am deutschen Wirtschaftswunder, sondern profitierten auch selbst nicht schlecht. Von Jahr zu Jahr ging es aufwärts, beinahe wie im Rausch, und die ersten fuhren mit ihrem *Käfer* in den Familienurlaub. Klar, dass man seinen kleinen Wohlstand vorzeigen wollte; solch protziges Gehabe schien einfach zum Mythos der Teutonen dazuzugehören.

1. Geschlossene Gesellschaft

Werfen wir nun einen Blick auf das Haus mit seinen Bewohnern, um das sich unsere Geschichte dreht. Es ist ein riesiges Gebäude in einer Großstadt, im Westen unseres Landes. Wie viele Häuser aus jener Zeit ist es im Stil der 1950er Jahre gebaut: Ein langgezogenes, fünfgeschossiges Rechteck mit einfachem Satteldach. Die zweckmäßige Bauweise entsprach dem Geist jener Zeit, denn inmitten zerbombter Ruinen schossen solche Kasernen wie Pilze aus dem Boden.

Inzwischen ist nicht nur das Haus in die Jahre gekommen, sondern auch dessen Bewohner, etliche sind mittlerweile hochbetagt. Während der 1980er Jahre musste der Block saniert werden. Vieles wurde erneuert, auch die Fenster, die seither aus Kunststoff sind. Doch wie vorher sind sie klein und schmal, so begrenzt und eingeschränkt wie der Blickwinkel der Leute, die aus diesen Fenstern nach draußen schauen. Auch in anderer Hinsicht ist es kein schönes Haus, wenngleich die einst grauen Fassadenwände inzwischen in einem freundlicheren Ocker leuchten. Das Treppenhaus ist immer noch aus anthrazitfarbenem Waschbeton und wirkt dadurch düster und bedrückend. Das spärliche, durch bunte Glasbausteine eindringende Licht vermag sich nicht recht auszubreiten und wird vom Grau des Treppenhauses hoffnungslos absorbiert. Balkone, auf denen Tulpen oder Geranien blühen könnten, existieren nicht. Neben den meist älteren Bewohnern sind inzwischen einige jüngere Familien eingezogen. Kinder gab es nie viele, und daran hat sich bis heute nichts geändert. Man hat eins, bestenfalls zwei, als würde man sich nicht getrauen, mehr von ihnen in diese Welt zu setzen.

Eines der Kinder aus dem Haus war Heinz Schulze, ein aufgeweckter Blondschopf mit blauen Augen und einem lausbubenhaften Grinsen auf dem langen, schmalen Gesicht, in dem eine Stupsnase saß. Die Ohren waren etwas groß geraten und standen deutlich ab. Er war ein stiller Junge, der in der Schule wenig von sich gab, ja seinen Mund nicht aufbekam. Daheim, wenn er mit seinen Altersgenossen spielte, war er wild und ungestüm wie alle anderen Jungen auch, und nichts war ihm wichtiger als seine Freiheit.

Als Heinz im Jahre 1999 eingeschult wurde, waren die mittlerweile alten Leute noch deutlich jünger. Viele der Mitbewohner verdingten sich als Schichtarbeiter in den umliegenden Fabriken. Die Schichtarbeit forderte ihren Tribut und bedeutete Rücksichtnahme. Tag und Nacht musste man still sein, denn in irgendeiner Wohnung schlief immer jemand. Die schöne, weitläufige Rasenfläche hinter dem Haus durfte deswegen nie zum Spielen benutzt werden. Der Hausmeister, ein ehemaliger Polizist namens Zimmermann, achtete streng darauf und verjagte die Kinder mit Geschrei und Schimpferei, wenn diese es dennoch wagten, den Rasen zu betreten: „Geht gefälligst vor den Nachbarhäusern spielen!", schrie er dann, „hier ist kein Kinderspielplatz!" Einige Male hat auch Heinz' Vater die Kinder vertrieben. Er und etliche andere aus dem Haus spielten sich gerne zu Handlangern des Hausmeisters auf, der im Haus für Ordnung sorgte. Warum sie das taten? Vielleicht wollten sie sich bei dem Alten, der als graue Eminenz über dieser Liegenschaft thronte, ja beliebt machen? Die Kinder allerdings hassten Zimmermann und seine *Hilfssheriffs* wie die Pest, da sie sich durch diese beträchtlich in ihrer Freiheit beschnitten fühlten. Sie verstanden den Sinn dieser Hausregeln nicht – oder wollten ihn schlicht nicht verstehen – und fanden es manchmal nicht mehr zum Aushalten. Es gab unzählige Regeln im Haus, die teilweise auch die Kinder betrafen und es wurden immer mehr …

Einige Male haben sie sich aus Wut gerächt. Sie haben dem Zimmermann beispielsweise die Ventile aus dem Fahrrad gedreht und sie anschließend weit fortgeworfen. Der hat jedes Mal gebrüllt wie ein wildgewordener Stier, so dass die Leute aus dem Haus angelaufen kamen um nachzusehen, was passiert war. Auch Heinz' Vater, einem kleinen Beamten, sind die Kinder einige Male nachgerannt, haben ihn ausgelacht und wegen der abgewetzten Aktentasche, mit der er zur Arbeit ging, verhöhnt. Wenn es gegen seinen Vater ging, konnte Heinz sich an diesem Schabernack natürlich nicht beteiligen, aber geschämt hat er sich trotzdem wegen der ollen Ledertasche und dass sein Vater deswegen zum Gespött seiner Kameraden wurde, sehr sogar. Kinder können grausam sein! Einige Male hatten sie es auf Heinz abgesehen und ihn wegen der schäbigen Tasche seines Vaters aufgezogen. Für ihn schien es schlimmer gewesen zu sein als für seinen Vater, der sich zumindest nichts anmerken ließ. Der alte Schulze hat diese Tasche übrigens bis heute, und immer noch nimmt er sie täglich mit ins Amt. Vielleicht hat er sie aus Protest behalten, da er auch im Büro damit schon für Aufsehen gesorgt haben soll.

Die Kinder hatten gehofft, dass ihre Streiche Zimmermann sowie Heinz' Vater und noch einige anderen dieser *Hauspolizisten* am Ende ganz schön zusetzen müssten, aber das war eine Milchmädchenrechnung. Im Nachhinein stellte sich heraus, dass die Alten am längeren Hebel saßen und die Streiche den Kindern überhaupt nicht guttun sollten. Der alte Zimmermann startete eine üble Hetzkampagne im Haus, so dass die Leute das junge Gemüse bald überhaupt nicht mehr leiden konnten, sondern zusehends kleinlicher und empfindlicher wurden, vor allem was Lärm anbelangte. Für die Mädchen und Jungen war das schlimm, denn irgendwann durften sie weder im Haus, noch vor, neben oder hinter dem Gebäude toben und fühlten sich unerwünscht. Wo durften sie überhaupt noch spielen? Sie konnten sich ja nicht in Luft auflösen! Schließlich wichen sie in benachbarte Straßen aus, in denen man sie nicht kannte und sie nicht verjagte. Dort entdeckten sie sogar einen Spielplatz, auf dem die Jungen kickten; die Mädchen hatten ihren Spaß mit Hüpfspielen oder Seilspringen. Nur abends, beim Heimkommen, mussten sie höllisch achtgeben. Zimmermann, an dessen Wohnung im Erdgeschoss die Rasselbande vorüber musste, lag dann im geöffneten Fenster auf der Lauer und wartete auf ihre Rückkehr. Sie wussten genau, was er wollte, machten sich deshalb schon von selbst die schmutzigen, sandigen Schuhe vor dem Haus sauber und schlichen hinein. Danach tappten sie, die ausgeklopften Schuhe in den Händen, auf Zehenspitzen mucksmäuschenstill durchs blitzblank geputzte Treppenhaus, jeder zu seiner Wohnung und Familie. Das war spannend! Kein lautes Geräusch im Treppenhaus, kein Sterbenswörtchen! Wenn ein Kind sich allerdings nicht daran hielt und vom Zimmermann erwischt wurde, hagelte es Ohrfeigen, da kannte der nichts. Selbst wenn der Übeltäter nicht eindeutig zu bestimmen war, hat er sich den Erstbesten herausgepickt und versohlt, nur den Mädchen tat er nichts.

Seit damals sind mindestens zehn Jahre vergangen. Heinz ist inzwischen volljährig. Seiner Ansicht nach ist Zimmermann nicht nur älter, sondern von Jahr zu Jahr schlimmer geworden. Ein Großteil der alten Leute wohnt seit Jahrzehnten im Block, eine kleine Ewigkeit. Verwundert es da, wenn manche meinen, ihnen stünden dadurch besondere Privilegien zu? Dies gipfelt darin, dass besagte Bewohner nicht nur auf Gewohnheitsrechte pochen, sondern – fast schon krankhaft – sich geradezu wie die Eigentümer des Hauses fühlen. Da hört man mitunter so seltsame Sprüche wie: *Das ist mein Haus, mein Keller oder mein Stellplatz!* Obwohl sie ständig so tun, als wäre es ihr eigenes Gebäude, entspricht das nicht den Tatsachen, denn der Block ist nach wie vor im Besitz der sozialen Wohnungsbaugesellschaft, die ihn kurz nach dem Krieg errichten ließ. Die Hausbewohner sind ohne Ausnahme allesamt Mieter. Ach, wäre es doch nur die Sache mit dem Haus!

Für viele der Alten scheint die Zeit des *Tausendjährigen Reichs* noch nicht beendet zu sein, nicht endgültig zumindest, wenngleich natürlich jedes Kind weiß, dass diese Chose vorbei ist und unwiderruflich zur tiefsten und dunkelsten Vergangenheit unserer Geschichte zählt. Doch selbst das ist in diesem Haus anders! Obwohl die Protagonisten jener Ära längst das Zeitliche gesegnet haben, erinnern etliche der Mieter sich an *damals* und daraus entstehen die verrücktesten Gedanken bei ihnen. Es kommt einem so vor, als trieben diese Verblichenen wie Gespenster ihren Spuk mit den Alten. Das klingt seltsam und wenig glaubwürdig, entspricht jedoch der Wahrheit. Allerdings ist die Sache komplizierter, als man sie sich vorstellt, denn was da in den Köpfen dieser Leute vor sich geht, sind keine Spinnereien. Zunächst einmal sind es tatsächlich bloß die totgeglaubten Erinnerungen der Alten, und die sind eigentlich harmlos. Doch dann passiert etwas mit ihnen. Was es allerdings genau ist, das in ihren Gehirnspiralen vor sich geht, ist schwer zu sagen. Jedenfalls brodelt in ihnen etwas mächtig vor sich hin wie ein hochexplosives Gemisch aus alten Träumen und Hoffnungen sowie dem eigenen Gedankenbrei. Dieses gefährliche Gemenge wie Sprengstoff oder Dynamit ist tatsächlich in diesem Haus explodiert, mehr als einmal sogar!

Beispielsweise sind viele der Überzeugung, allein aufgrund ihrer Geburt die privilegierteren Menschen zu sein. Der Komparativ bekräftigt diese Auffassung; sie fühlen sich tatsächlich allen Ausländern überlegen, die deshalb im Block nicht geduldet werden. Die Hausbewohner wollen keinerlei Berührungspunkte mit ihnen, beinahe so, als besäßen Fremde keine Existenzberechtigung. Völlig zwecklos, damit anzufangen; dieses Thema ist tabu. Natürlich äußert das niemand klar und direkt, denn die Mieter sind integre, anständige Menschen. Zumindest halten sie sich dafür.

2. Der alte Zimmermann

Ludwig Zimmermann wohnt schon lange im Haus. Wie die Leute erzählen, soll dieses Urgestein schon vor 20 Jahren in den Ruhestand gegangen sein, und seither widmet er sich voll und ganz der Liegenschaft. Von Statur ist er ein mittelgroßer, schlanker, fast knorriger älterer Herr, der sehr auf sein Äußeres bedacht ist. Stets wie aus dem Ei gepellt, trägt er bei seiner Arbeit als Hausmeister einen blauen Arbeitskittel, auf dem allerdings nie auch nur ein Fleck oder irgendwelche Spuren einer Verunreinigung erkennbar sind. Wenn er nicht im Dienst ist, bevorzugt der Alte gediegene Kleidung, gewöhnlich sogar ein Jackett. Sein Haar ist schütter geworden, wobei seinen wachen, grüngrauen Äuglein nichts zu entgehen scheint. Unter seiner Habichtnase sitzt ein mächtiger Schnurrbart, der seinen Mund fast vollständig verdeckt; nur die Mitte der Unterlippe lässt sich noch erkennen. Er gibt eine strenge, beinahe würdige Erscheinung ab, und wenn er redet, hört man ihm zwangsläufig zu, denn irgendwie nötigt dieser Mann anderen Respekt ab. Ist eben nach wie vor eine Autoritätsperson, auch ohne Dienstuniform. Immer noch ist dieser von preußisch-soldatischem Drill erfüllte Haudegen von den Tugenden eherner Pflichterfüllung und Dienstbeflissenheit beseelt.

Die Tätigkeit, die er ausübt, ist im Grunde genommen zu geringfügig, um ihn im vollen Sinne als Hausmeister zu bezeichnen. Doch die Mieter nennen ihn so und sind mit ihm zufrieden, sogar mehr als das. „Auf den

Alten ist Verlass!", loben sie ihn und sind froh, dass er diesen Job seit Jahrzehnten zuverlässig versieht. Er muss nicht mehr wie früher den Hof fegen oder Rasen mähen; das erledigen längst andere. Hauptsache, er sorgt für Ruhe und Ordnung und macht seine Sache gut. Vor ein paar Jahren hat die Hausverwaltung ihn auf seine alten Tage sogar noch befördert. Inzwischen ist Zimmermann nicht mehr bloß Hausmeister, sondern darf sich offiziell *Hilfsverwalter und Sicherheitsbeauftragter* nennen. In seiner neuen Funktion besitzt er eigentlich keine konkrete Aufgabe. Mehr oder weniger eine schöne Tätigkeitsbezeichnung hat man ihm verliehen, sozusagen einen Titel, beinahe so was wie 'ne neue Uniform. Man spürt geradezu, wie er auf so was steht! Die von der Hausverwaltung – man kann über sie reden oder denken, wie man will! – haben das richtig erkannt, 'ne nette Geste, möchte man meinen. Soll sich doch der Zimmermann auf seine alten Tage nicht wie ein überflüssiger Statist oder das fünfte Rad am Wagen vorkommen! In seinem Fall ist offensichtlich, was ein bisschen menschliche Wertschätzung manchmal ausmacht. Doch bei aller Zuvorkommenheit und Mitmenschlichkeit, die man ihm seitens der Verwaltung entgegengebracht hat, einige Dienstpflichten obliegen dem alten Haudegen noch immer. So hat er nach wie vor im Haus für Ruhe und Ordnung zu sorgen, dazu ein Auge auf die Technik, die Heizung, die Handwerker und etliches mehr zu werfen. Geht etwas kaputt, muss er Meldung erstatten. Seit der Beförderung hat er seinen Eifer verstärkt und schlägt sich noch wackerer. Kein Wunder eigentlich, denn ist er nicht doppelt und dreifach dazu autorisiert? Im Haus war man nie zufriedener mit ihm. „Wenn nicht er, wer sonst!?", meinen die Leute, was immer das bedeuten mag. „Als ehemaliger Polizist ist er für diese Aufgabe prädestiniert!", schwärmt die alte Heinze. „Wer weiß besser, wie man bei Ruhestörungen, Belästigungen und anderen Problemen vorzugehen hat!?", bläst der Berlinger ins selbe Horn. In solch hohen Tönen lobt man ihn also im Haus, wobei sich das nur auf die eine Seite dieses Menschen bezieht. Ludwig Zimmermann hat auch noch eine Kehrseite; in Wahrheit ist er eine zwiespältige Persönlichkeit. Um das genauer verstehen zu können, müssen wir allerdings ein wenig weiter ausholen. Wir beginnen bei einem Ereignis, das ungefähr zehn Jahre zurückliegt.

Heinz Schulze war damals ein Junge von acht oder neun. Mit seiner Familie lebte er in besagtem Häuserblock und erinnert sich bis heute an jenen Mittag, an dem Stanislav Scharnowski, der neue Briefträger, in diesem Stadtviertel die Post verteilte. Als Neuling kam der Briefträger erstmalig mit diesem Gebäude in Berührung und sollte dabei sein blaues Wunder erleben. Der Postkasten, ein Mordsding, befand sich im Eingangsflur des Hauses und war mit zig Namensschildchen beschriftet, allesamt urdeutsch. Peters, Schneider, Hobler, Müller, Meier, Schmitz, Kamps, Löffler und so weiter waren unter- und nebeneinander angebracht. Scharnowski fand das offenbar merkwürdig und fragte deshalb Heinz, der gerade nach Hause kam, wieso in diesem riesigen Häuserblock kein Ausländer wohnte. Allerdings hatte er den Falschen erwischt, denn Heinz, damals noch ein Pimpf, konnte es ihm nicht erklären. Die Antwort lieferte prompt der alte Zimmermann, der *zufälligerweise* vor Ort war. Der war nämlich immer *zufällig* in der Nähe, wenn irgendwo was los war und kriegte deswegen natürlich alles mit. Jedenfalls hat der Hausmeister dem neuen Postboten reinen Wein eingeschenkt, so dass Scharnowski hinterher komplett verwirrt war und davonlief. Was da genau vor sich gegangen ist, werden wir später erfahren. Zuvor allerdings sollten wir unbedingt noch etwas anderes über den Hausmeister wissen, um alles richtig verstehen zu können.

Man munkelte im Haus, Zimmermann sei Mitglied der Waffen-SS gewesen. Sprach man ihn darauf an, machte er keinen Hehl aus seiner Vergangenheit, ließ sogar jeden, der daran interessiert war, seine Tätowierung unterm linken Oberarm sehen. Auch dem kleinen Heinz hat er sie mal zeigen wollen. Wen wundert das, war doch der Alte so stolz drauf, als trüge er einen Orden oder das Eiserne Kreuz Erster Klasse, und oft prahlte er damit herum. Zimmermann war gerade im Begriff, sich die Strickjacke aufzuknöpfen und das Oberhemd auszuziehen, als den Jungen ein mulmiges Gefühl überkam. Da Heinz keine Ahnung hatte, was ihn beim Anblick der Tätowierung erwarten würde, unter der er sich nichts vorzustellen vermochte, packte ihn die Angst. Ihn grauste davor, als könnte er dabei eine entsetzliche Wunde zu Gesicht bekommen. Jedenfalls mochte er dieses *Tattoo* nicht mehr sehen und rannte davon. Eine ganze Weile hernach noch hat er sich deswegen vor Zimmermann geschämt und sich immer wieder die Frage gestellt, warum der ihm diese Tätowierung überhaupt hatte zeigen wollen? Obwohl Heinz später gerne gewusst hätte, welches Motiv den Arm des Hausmeisters zierte, war er zu feige, ihn danach zu fragen. Diese Sache ging ihm lange nicht aus dem Kopf. Oft grübelte er darüber nach und malte sich in Gedanken die unterschiedlichsten Bilder aus. Jedenfalls blieb Zimmermann für Heinz interessant, wenn nicht sogar geheimnisvoll. Dem Jungen war außerdem aufgefallen, dass der Hausmeister sich oft tierisch über die in Deutschland herrschenden Zustände aufregte, an allen möglichen Politikern herumnörgelte oder über die Gastarbeiter herzog.

Wie sehr der Hausmeister alle Ausländer hasste, wurde dem Jungen allerdings erst richtig klar, nachdem Zimmermann sich den Briefträger vorgeknöpft hatte. Von da an wusste Heinz Schulze wirklich, was der alte Knochen für ein Mensch war. Dem jungen Postboten hat der Hausmeister nämlich auf die Frage, wieso es im Haus keine Ausländer gäbe, etwas von *Pack*, *Gesindel* und *Zigeunern* um die Ohren gehauen, die man hier allesamt nicht haben wolle. Zimmermann hat das in den Raum gestellt wie eine unumstößliche Wahrheit, die man nicht weiter hinterfragen kann. Er hat felsenfest behauptet, dass Ausländer *minderwertig, schlecht* oder *faul* sind und *ins Haus nicht hineinpassen*. Dazu zählten für ihn auch deutsche Spätaussiedler, die er als *Russen* oder *Polacken* titulierte, Menschen also, deren Nachnamen häufig auf *-ky* oder *-ki* endeten. Dass der Hausmeister damit den Postboten persönlich beleidigt hatte, fiel Heinz erst später auf. Was hat Zimmermann dem armen Briefträger nicht alles ins Ohr geplärrt! Die Krönung war der Spruch: „Ich komme aus dem Osten und suche einen Posten. Meine Papiere sind verbrannt, Adolf Hitler hab ich nie gekannt!" Daraufhin hat Scharnowski keinen Piepser mehr von sich gegeben, sondern ist eingeschüchtert und wortlos geflüchtet. Er war fix und fertig und wollte nur noch fort von diesem schrecklichen Ort. Beim Weglaufen hat der Hausmeister dem armen Kerl noch hinterher gebrüllt: „Das ganze Lumpenpack gehört nach Au...", wobei er *Au* als volles Wort aussprach, um das Ganze schließlich mit „Ab ins Krematorium!" zu bekräftigen. Heinz hatte im Unterricht erfahren, was die Deutschen in Auschwitz verbrochen hatten und war schockiert. Jetzt meinte er zu wissen, was Zimmermann für einer war. Dass er aus seiner Gesinnung nie ein Geheimnis gemacht hatte, war jedem bekannt. In Gegenwart von Scharnowski war dies dem kleinen Heinz jedoch so peinlich, dass er sich in Grund und Boden schämte, weil ja auch er ein Deutscher war. Dem Hausmeister hingegen schien das kein bisschen was ausgemacht haben. Der hat über alle hergezogen, über sämtliche Nationalitäten gewettert, und irgendwann war dem Jungen klar, dass der Hass auf Ausländer bei Zimmermann so tief saß, dass er sie am liebsten komplett deportiert hätte.

Seit der Sache mit Scharnowski sind eine Reihe von Jahren ins Land gegangen. Aus Heinz Schulze, dem einstigen Pimpf, ist – wie gesagt – inzwischen ein junger Mann geworden, der sich immer noch fragt, woher die Ausländerfeindlichkeit bei Zimmermann rührt. Eine akzeptable Erklärung dafür hat Heinz bis heute nicht gefunden. Dass sich an der Einstellung des Alten über die Jahre nichts geändert haben kann, beweisen in Heinz' Augen schlimme Dinge, die gerade in letzter Zeit im Haus passiert sind und für die der Hausmeister verantwortlich ist.

Nachdem die Liegenschaftsverwaltung Zimmermann befördert hatte, munkelte man im Haus, dass sowohl dort als auch im Vorstand der Wohnungsbaugesellschaft manche Gesinnungsgenossen von damals in Amt und Würden sein müssten. Man weiß ja, wie das nach dem Krieg abgelaufen ist: Die eine Hand hat die andere gewaschen, und die *Braunen* haben sich, nachdem die ersten ihre Pöstchen und Ämter wieder innehatten, gegenseitig die Persilscheine ausgestellt. Hatte man seinen Persilschein in der Tasche und dazu ein brauchbares Parteibuch, standen die Zeichen bestens, an alte Karrieren anzuknüpfen oder neue aufzubauen. Die im Osten haben das auch gemacht, allerdings eleganter als die Wessis. Sie mussten eine doppelte Wende vollziehen, und das brachte sogar Vorteile, nicht nur wegen der verblassenden Erinnerung an manches Unschöne, das man dadurch elegant kaschieren konnte. Wenn man nämlich zweimal eine Hundertachtzig-Grad-Wende hinter sich gebracht hat, sitzen Kopf und Hirn wenigstens wieder in der Ursprungsposition. Man guckt dann nach vorn, in die richtige Richtung, wo die Musik spielt. Daran sieht man mal wieder, dass der Sozialismus durchaus seine Vorzüge besaß: Zuerst ein verkorkster Nazi, dann ein stalinistischer Sozialist deutscher Prägung, bis schließlich dem Kokon über Nacht und wie von selbst ein braver, demokratisch gesinnter, ostdeutscher Bürger entschlüpft. Worüber soll man sich also noch wundern? Die aus dem Osten haben zumindest eine geschichtlich gewachsene Vita und dabei nicht solche unnatürlichen Hauruck- oder Hü-Hott-Verrenkungen vollzogen wie die im Westen.

Nun zurück zu den Persilscheinen. Die musste es damals geben. Der Grund dafür ist äußerst einfach: man verfügte nicht über ausreichend Gefängnisse. Die Siegermächte hätten normalerweise das halbe Volk an die Wand stellen oder zumindest einsperren müssen, denn fast alle hatten mitgemacht. Doch wie hätten die Militärregierungen das realisieren sollen? So kam es, wie es kommen musste: Die vormaligen Braunen wurden über Nacht salonfähig, waren nun Schwarze, Gelbe oder Rote, hatten wieder ihre Positionen und Pöstchen inne und saßen erneut an den Schalthebeln der Macht. Verglichen mit den Mächtigen war Zimmermann nur ein kleines Licht, allerdings hatte er in jungen Jahren von dieser Gesinnung mehr aufgesogen, als gut war. Eine Gehirnwäsche lässt sich offenbar nur schwer rückgängig machen.

3. Feind in Sicht!

Man sagt, wo Licht ist, sei auch Schatten. Ganz so verhält es sich mit dem Haus und seinen Bewohnern, denn hier gibt es ebenfalls Negatives und Positives. Was Sauberkeit, Ordnung und Disziplin angehen, ist es perfekt, geradezu ein *Musterhaus*. Der große Block befindet sich in ungewöhnlich reinlichem und aufgeräumtem Zustand. Ist er nicht wirklich vorbildlich? Nie sieht man vor dem Haus auch nur einen Papierschnipsel herumliegen. Nicht einmal eine weggeworfene Kippe oder ein ausgespuckter Kaugummi befinden sich auf dem Bürgersteig. Alles blitzblank, auch im Hausinneren. Man merkt auf Anhieb, wie gut es geführt wird. Wenn einer der Alten gestorben ist und neue Mieter einziehen, Familien mit Kindern meist, bringt man denen von Anfang an bei, wie man sich zu benehmen hat und was sonst zu beachten ist, insbesondere, was Sauberkeit und Lärm angehen. Einfach alles im Haus blitzt und blinkt! Das Treppenhaus wird zweimal die Woche geputzt, das Geländer regelmäßig abgewischt, ja selbst die Lichtschalter werden poliert. Im Treppenhaus darf man nicht laut sein; es wäre geradezu fatal, würde hier geschrien oder laut gelacht, gehopst, getrampelt oder herumgesprungen. All das, was Kinder so gerne tun, ist in diesem Haus unerwünscht und strengstens untersagt. Das war immer schon so und hat sich bis heute nicht geändert, obwohl inzwischen ja kaum noch jemand als Schichtarbeiter seine Brötchen verdient. Die meisten Mieter sind mittlerweile im Rentenalter und gehen nicht mehr zur Arbeit. Da sie überwiegend von morgens bis abends daheim in ihren hellhörigen Wohnungen hocken, vertragen sie keinen Lärm und sind leicht genervt. Bei jeder kleinsten Ruhestörung reagieren sie extrem empfindlich und drohen sofort mit der Hausordnung, die im Eingangsbereich neben der Haustür angebracht ist. Die hängt da still und stumm, für jedermann unübersehbar, in einem Glaskasten wie eine kostbare Reliquie. Eigentlich ist sie nur ein bedrucktes Blatt Papier, allerdings wird sie in diesem Haus zu etwas beinahe Übernatürlichem erhoben. Sie nicht zu beachten, kommt einem Sakrileg gleich. Die Hausordnung besitzt unter den Bewohnern derart große Autorität, als verkörpere sie – einem Polizisten vergleichbar – das Gesetz. Hält sich jemand nicht an sie, muss niemand sich lauthals Gehör verschaffen. Das erledigt die Hausordnung wie von selbst, wenn erst einmal die Exekutive informiert und eingeschaltet wurde. Jedenfalls weiß man es im Haus zu schätzen, dass dies einwandfrei funktioniert. Der Automatismus wird zuverlässig ausgelöst, wenn es zu Regelverstößen kommt und es beispielsweise lauter ist, als erlaubt. Es findet sich immer jemand, meist sogar ziemlich rasch, der einen eingetretenen Vorfall dem Hausmeister meldet, denn das Haus hat hundert Augen und Ohren, so dass die Dinge wie von selbst ihren Gang gehen.

Niemand, der nicht erkennbar deutscher Abstammung war, sollte es lange dort aushalten. Das mussten auch die Seidels erfahren, die etwa drei Jahre zuvor als Russlanddeutsche in ihre alte Heimat zurückgekehrt waren. Heinz Schulze, damals gerade neunzehn geworden, kann sich deswegen so genau daran erinnern, weil er in diese Angelegenheit mächtig involviert werden sollte.

Weil sich auf die Schnelle auf dem freien Markt keine andere geeignete Bleibe finden ließ, wurden die Seidels trotz aller Proteste seitens der Verwaltung und der Hausbewohner kurzerhand vom Wohnungsamt in diesen Block einquartiert. Wie das genau vor sich gegangen ist, lässt sich im Nachhinein schwerlich feststellen, doch es muss offensichtlich über die Köpfe der Verwaltung hinweg geschehen sein. Auch den Mietern kam es wie eine Zwangseinweisung vor, zumal der Einzug bei Nacht und Nebel stattgefunden hatte. Das sorgte von Anfang an für Unmut und böses Blut gegenüber den neuen Nachbarn, obwohl die Spätaussiedlerfamilie mehr oder weniger auf der Straße gestanden hatte und händeringend ein Dach über dem Kopf benötigte. Zwar hatten die Seidels in ihrer Not eine Wohnung zugewiesen bekommen, ein wirkliches Zuhause, in dem sie sich wohlfühlten, sollte es für sie allerdings nie werden. Aufgrund ihrer Herkunft und der mysteriösen Umstände ihres Einzugs waren sie bei den übrigen Hausbewohnern von Anfang an unten durch. Die Familie hatte eine Dreizimmerwohnung, die nicht sonderlich groß war. Trotzdem murrten sie nicht, sondern kamen irgendwie zurecht. Die Seidels waren zu fünft, so dass sie ein weiteres Zimmer gut hätten gebrauchen können. Neben dem Ehepaar und einer Oma, die stets eine selbstgestrickte Jacke und ein Kopftuch trug, gab es zwei fast volljährige Kinder, Juri und Olga. Keine *Olga von der Wolga*, die nur Russisch sprach, sondern ein hübsches, sehr ordentliches Mädchen von siebzehn oder achtzehn mit langen, strohblonden Zöpfen und einer Freundlichkeit und Höflichkeit, die jeden halbwegs normalen Menschen umgehauen hätte. Sie war gut erzogen, hatte Stil und sprach perfekt Deutsch. Heinz interessierte sich, nachdem er sie zum ersten Mal erblickt hatte, gleich sehr für sie. Er war schüchtern und noch nie enger, geschweige denn intim, mit einem Mädchen zusammen gewesen. Dieses schöne, natürlich und unbeschwert daherkommende und stets freundlich lächelnde Mädchen hatte es ihm sofort angetan und ging ihm nicht mehr aus dem Kopf. Seinen Fußballfreunden verriet er, sie sei eine Wucht, und nachdem Stefan, Benni und Sven sie *begutachtet* hatten, klopften sie Heinz anerkennend auf die Schulter und gratulierten ihm zu seinem guten Geschmack. Benni meinte sogar: „Die wär auch was für mich gewesen!", wobei es ihn sichtlich Mühe kostete, Heinz wegen seiner Flamme zu loben.

Nach Heinz' Ansicht sollten Olga und er etwa gleichaltrig sein. Zu dieser Einschätzung gelangte er, als beide sich im Treppenhaus begegneten. Etliche Male kreuzten sich dort ihre Wege, und sie hatten sich dabei freundlich und etwas verschämt, doch zugleich interessiert angesehen und zugelächelt. Zu mehr reichte es nicht, jedenfalls nicht bei Heinz, der sie gerne angesprochen hätte, es allerdings nie wagte. Irgendwann ergriff Olga die Initiative und fragte ihn im Treppenhaus unvermittelt, ob er eigentlich noch Schüler sei. Heinz, der inzwischen eine Elektrikerlehre angefangen hatte, verneinte dies. So kamen sie miteinander ins Gespräch, das offenbar beiden verheißungsvoll erschien. Sie verabredeten sich, um gemeinsam etwas unternehmen. Da Olgas Eltern ihrer Tochter einen Diskobesuch nicht erlauben würden, vereinbarten Olga und Heinz, miteinander ins Kino zu gehen. Sie verbrachten schöne Stunden, und nachdem der Film zu Ende war, aßen und tranken sie noch eine Kleinigkeit in einer Pizzeria. An diesem Abend haben sie sich zum ersten Mal ausführlich miteinander unterhalten. Dabei sind sie sich so nahegekommen, dass sie sich auf dem Rückweg geküsst haben, denn beide hatten Gefallen aneinander gefunden. Kurz darauf lernte Heinz Olgas Familie kennen und fand alle schwer in Ordnung. Die Seidels waren nicht hochgebildet, sondern einfache, dafür jedoch feine und ehrliche Menschen, stets freundlich und bereit, anderen zu helfen, wenn es nötig war. Seit ihrer Ankunft aus Kasachstan versuchten sie – wie gesagt – in Deutschland Fuß fassen. Vater und Sohn waren beide von recht kräftiger Statur und fanden schnell Arbeit. Juri begann eine Lehre als Heizungsinstallateur, sein Vater bekam eine Anstellung als Maurer. Die Mutter, eine freundliche, leicht untersetzte Mittvierzigerin mit einem rundlichen Gesicht und geröteten Wangen, wurde in einer Textilfabrik eingestellt. Sie konnte zupacken und war als freundliche Kollegin und tüchtige Arbeitskraft in der Firma anerkannt. Das Deutsch der Leute war flüssig, jedoch mit russischem Akzent; wer hätte sich den im fernen Russland nicht angewöhnt? Kaum waren die Seidels eingezogen, als es auch schon losging mit dem Psychoterror, der sich im Laufe der Zeit mehr und mehr zu einem richtigen *Krieg* entwickeln sollte.

Der Hausmeister spielte dabei eine zentrale Rolle, denn er hat die ohnehin miese, feindselige Stimmung gegen die Familie von Anfang an angeheizt und geschürt. Nach Heinz' Meinung grenzten manche der Beleidigungen – von denen die Bezeichnung *Untermenschen* noch eine der harmlosesten war – an Rufmord. Heinz hatte Zimmermann zufällig mehrmals bei Tuscheleien mit anderen Hausbewohnern auf frischer Tat belauscht. Dabei ließ der Alte kein gutes Haar an den Seidels, auch nicht an der Tochter, die er eine *giftige Kröte* oder *kleine russische Hexe* nannte. Fast alle haben kritiklos zugestimmt, bis schließlich etliche in diesen Nazijargon einfielen, sich gegenseitig in ihrer *arischen* Überlegenheit bestärkten und in ihrer Rolle als *Herrenmenschen* pudelwohl fühlten. Bald gab's kaum noch jemanden, der nicht über die Seidels herzog. Das schaukelte sich immer weiter hoch, bis aus dem hässlichen Gerede konkrete Schikanen entstanden.

Heinz Schulze stand anfangs orientierungslos und unbeteiligt zwischen den Fronten und wusste nicht recht, wo er hingehörte. Mit der Zeit sah er die Dinge klarer und bekannte sich zu den Seidels, ohne jedoch wirklich etwas gegen den Psychoterror, der ausgebrochen war, ausrichten zu können. Irgendwann hatte der junge Mann auf die Leute im Haus und insbesondere auf Zimmermann eine Riesenwut. Oft hat er seine Faust in der Hosentasche geballt und sich geschworen: *Dieses dreckige, alte Nazischwein werde ich in die Pfanne hauen und richtig fertigmachen!* Natürlich war Heinz bewusst, dass er dazu Zeugen oder eindeutige Beweise benötigt hätte. Dies umso mehr, als er vorhatte, einen ehemaligen Polizeibeamten zu verklagen. Doch Zeugen sollten sich keine finden, so dass ihm die Sache bald aussichtslos erschien.

Anfangs nannten die Leute im Haus die neuen Mieter verächtlich *die Russen*. Kein Mensch sagte *die Seidels*. Man sprach nicht neutral über die Familie, sondern startete vom ersten Tag an eine schmutzige Hetzkampagne. Wenn Frau Seidel, mit Tüten bepackt, vom Einkaufen zurückkam, knallte man ihr die Haustür vor der Nase zu. Wollte der alte Seidel morgens mit dem Auto zur Arbeit fahren, musste er es mehrfach zunächst erst reinigen, da die Windschutzscheibe mit Dreck beschmutzt worden war. Das allerdings war im Vergleich zu dem, was folgen sollte, noch relativ harmlos. Vielleicht hätten sich die Seidels mit solch unschönen Gehässigkeiten und perfiden Streichen sogar abfinden können, wären die Hausbewohner nicht zunehmend dreister und fanatischer geworden. Eine Lawine von Hass und Gewalt war ins Rollen gekommen und wollte sich nicht mehr aufhalten lassen, denn Hass sät Hass und gebiert neue Gewalt; ein ewiger Teufelskreis! Als Heinz herausfand, dass auch sein Vater in die Intrigen gegen die Seidels verwickelt war, brach für ihn eine Welt zusammen. Er war bitter enttäuscht über seinen Vater, der sich als Nazi entpuppt hatte, wobei er diesen Verdacht insgeheim längst hegte. Allerdings auch seine Mutter hatte sich nicht gerade mit Ruhm bekleckert, als es gegen die Seidels ging. Sie hatte keinen Piepser von sich gegeben und angeblich von dem Terror nichts mitbekommen. Das schien Heinz unglaublich! Er war bis obenhin bedient und dachte: *Mutter war immer schon eine meinungslose Opportunistin, die weder richtig für noch gegen etwas Partei nimmt. Allein durch ihr Weggucken und Schweigen hat sie sich schuldig gemacht. Das allerdings muss sie mit ihrem Gewissen ausmachen!* Damit war seine Familie für ihn erledigt. Anschließend ging er erneut in sich und ließ seinen Gedanken freien Lauf. *War es nicht auch im Dritten Reich so gewesen?* fragte er sich, obwohl er diese Zeit nicht persönlich erlebt hatte. *Doch,* war er sich sicher, *es ist immer das gleiche mit den Menschen! Wenn etwas passiert ist, will niemand was davon bemerkt haben. Keine Zeugen weit und breit, nur stumme, versteinerte Gesichter, die keinen Muckser von sich geben. Das ist wie eine Wand des Schweigens, und man kann nichts machen, Pech für die Leidtragenden, damals wie heute!*

Heinz war nach diesen Erkenntnissen niedergeschlagen und bitter enttäuscht. Es machte ihm zu schaffen, dass sein Vater ein verkappter Nazi war. Auch die Rolle, die seine Mutter bei der Seidelaktion gespielt hatte, war alles andere als ehrenhaft. Dass sein Vater ein *Brauner* war, fand Heinz nicht einmal verwunderlich, denn bereits dessen Vater war Mitglied der NSDAP gewesen und hatte sich als lokale Nazigröße hervorzutun versucht. Noch heute sprechen die Alten über seinen – mittlerweile verstorbenen – fanatischen Großvater und dessen Schandtaten. Gelegentlich beschäftigte Heinz auch das Verhalten seiner Großmutter.

In seiner Kindheit hatte sie einmal etwas Schreckliches zu ihm gesagt. Es war so schlimm, dass Heinz es nie vergessen konnte. In diesem Moment dachte der junge Mann erneut daran, um gleich darauf innezuhalten. Bereits als Kind war die Situation ihm so unfassbar vorgekommen, dass ihm der Atem gestockt hatte. *Aber so war es gewesen, sagte er sich, genau das hat Großmutter mir als Knirps erzählt! Sie hat damals mir gegenüber behauptet, dass man aus den Juden Seife und Lampenschirme gemacht hatte! Ich konnte das nicht nachvollziehen, schließlich war ich ein Pimpf von erst acht oder neun. Ich saß an Großmutters Küchentisch in ihrer Bauernküche, während sie eine Rindfleischsuppe zubereitete und Kartoffeln mit Speck briet. Vermutlich hatte Großmutter das gar nicht wirklich sagen wollen, sondern es ist ihr beim Kochen der dicken Beinscheiben einfach so rausgerutscht. Blitzartig durchfuhr mich der Gedanke: Die Leute müssen während des Dritten Reichs einfach manches mitgekriegt haben und wussten vermutlich deutlich mehr, als sie hinterher zugaben! Da wollte natürlich niemand etwas gesehen oder gehört haben. Ich war schockiert, wie erstarrt und konnte* es mir nicht recht vorstellen, ja wollte es ihr nicht glauben. Als ich anfing, sie mit entsprechenden Fragen zu löchern, hat Großmutter mir in ihrer Verlegenheit keine vernünftige Antwort gegeben, sondern mir ihre Bemerkung als Judenwitz, an dem nichts dran wäre, verkaufen wollen. Dann erzählte sie mir einen Tünnes-und-Schäl-Witz nach dem anderen, offenbar ihre Strategie, um den vermeintlichen Judenwitz zu kaschieren. Daraufhin schaltete ich auf stur, weigerte mich, über ihre dämlichen Witze zu lachen, bohrte nach und ließ nicht locker. Sie wich meinen Fragen aus, zog die Sache sogar ins Lächerliche und begann sodann wie ein junges Ding Foxtrott zu tanzen, schwang ihre Beine in die Höhe, so dass ihr Kleid herumwirbelte. Ich verstand nicht, warum sie etwas so Verrücktes machte. Vielleicht wollte sie ja nur, dass ich sie mit meinen lästigen Fragen fortan in Ruhe ließ? Jedenfalls wandte sie sich nach dieser Vorstellung wieder dem Kochen zu, ohne mir eine befriedigende Antwort gegeben zu haben. Doch ich spürte trotz ihrer seltsamen Tanzaktion, dass Großmutter mir zuvor die unverblümte, nackte Wahrheit gesagt hatte, denn unser Lehrer hatte der Klasse zu diesem Thema eine Filmdokumentation über Auschwitz vorgeführt, an der ich lange danach noch zu knapsen hatte. Nun vermischten sich die Leichenberge aus dem Film mit Großmutters Seife und Lampenschirmen. Alles drehte sich in meinem Kopf und im Bauch, bis es mir plötzlich so schlecht wurde, dass ich mich hätte übergeben können. Ich wollte nur noch kotzen, doch ich konnte nicht. Dabei atmete ich den widerlich-penetranten Geruch der Bratkartoffeln und der Rindfleischsuppe ein. Der Gestank war unerträglich und ich konnte die Mahlzeit nicht herunterkriegen. Es war aussichtslos, denn ich hätte sie in mich hineinwürgen müssen. Nicht einmal mehr sehen mochte ich sie, obwohl sie natürlich kein Menschenfleisch enthielt, dennoch kam es mir so vor. Die ganze Küche schien mir plötzlich bestialisch nach Menschenfleisch und gegerbter Menschenhaut zu stinken. Um dem Geruch zu entkommen, rannte ich wie von der Tarantel gestochen aus der Küche. Ich lief hinaus ins Freie in die umliegenden Felder, soweit ich nur vermochte, bis ich den Hof der Großeltern nur noch in weiter Ferne schimmern sah … Erst da warf ich mich in ein erntereifes Roggenfeld, begrub mein Gesicht in den Händen und heulte. Ich war sehr unglücklich und ließ die Küchenszene gedanklich Revue passieren, denn sie beschäftigte mich ohne Unterlass. Vor allem musste ich an Großmutters Reaktion denken, nachdem sie mir den vermeintlichen Witz erzählt hatte. Sie hat völlig unnatürlich und äußerst widerwärtig gelacht, ganz anders als sie es sonst tat. Es war nicht ein aus ihrem Innersten kommendes, befreiendes oder wohltuendes Lachen, nein! Mir erschien es wie ein erzwungenes, mir völlig fremdes Gelächter, beinahe als befände sich ein böser Geist oder Dämon in ihr, der sich ihrer bemächtigt hatte. Das war zweifellos nicht ihr eigenes Lachen. Ich musste an Satan denken und mich schauderte.

Aber warum hatte sie gelacht? Vermutlich waren es die tiefe Betroffenheit und Ohnmacht meiner Großmutter, die etwas ausgesprochen hatte, mit dem sie nicht fertig wurde und mit dem auch ich bis heute nicht abschließen konnte. Wie kann ein Mensch jemals mit etwas so Schauderhaftem, das Menschen anderen Menschen angetan haben und immer noch zufügen, fertig werden!?

Anders als mein faschistischer Großvater war meine Großmutter ihr Leben lang eine brave Bäuerin, die weder im Krieg noch danach einem Menschen etwas angetan hat. Zugleich war sie eine Frau, die alles, was damals ge-

schehen war, gewusst haben muss und dennoch geschwie-
gen hat. Deswegen weiß ich, dass unter Menschen selbst
das Gute nicht gut, sondern böse und dass das Böse nicht
böse, sondern satanisch ist.

Von jenem Tage an wusste Heinz, dass seine Kindheit
beendet war. Er konnte und durfte seitdem kein Kind
mehr sein, denn er hatte durch das Lachen seiner Großmutter in den Rachen des Bösen geblickt. Dabei hatte er
seine kindliche Unschuld verloren und war sich fortan
bewusst, ein vergänglicher, sterblicher Mensch zu sein.

Aber ist es nicht immer und überall dasselbe? fragte
sich Heinz, nachdem er aus den Erinnerungen an seine
Großmutter in die Realität zurückgekehrt war. *Wer Oh-*
ren hatte und hören wollte, konnte hören, und wer Au-
gen hatte zum Sehen, konnte sehen! War das jemals an-
ders? Daran hat sich nie etwas geändert. Dennoch will
keiner etwas bemerkt haben, wirklich keiner, selbst der
alte Kruschke nicht, den ich auch einmal danach gefragt
hatte. Rausrücken mit der Wahrheit will niemand, so wa-
ren auch Großmutter und meine Mutter gestrickt. Typi-
sche Mitläuferinnen und Wegguckerinnen ohne Rückgrat,
feige Gummimenschen, die weder Charakter noch Zivil-
courage besaßen.

Nach einer Weile fragte er sich, ob das, was die Leute
den Seidels angetan hatten, sich von dem unterschied,
was zuvor Zigeunern und Juden zugefügt wurde? Selbst
seine engsten Blutsverwandten waren darin verstrickt,
damals wie heute, das beschränkte sich nicht auf den alten Zimmermann.

Was er zuvor nie wirklich verstehen konnte, begann er nun, Jahre danach, zu begreifen. Er war erwachsen und jetzt wusste er, was Zimmermann für ein Mensch und wes Geistes Kind er war. Außerdem erkannte er, was für ein verkommenes, widerwärtiges Volk in diesem Haus wohnte. Dann überkam ihn mit einem Mal eine ungeheure Wut, und Heinz schimpfte sich seinen ganzen Unmut von der Seele und ließ seinem Zorn freien Lauf. Er war in diesem Moment allein in der Wohnung, warf sich nach dem Wutanfall auf sein Bett und heulte drauf los. Zunächst immer noch wütend, bald aus Verzweiflung und Ohnmacht. Es dauerte eine ganze Weile, bis er sich beruhigt und im Griff hatte. Als er wieder klarer zu denken vermochte, schlug er mit aller Kraft seine Faust gegen die Zimmerwand und schrie, um sich seinen Ärger endgültig aus dem Leib brüllen: „Ihr verdammten Schweine! Untereinander seid ihr euch alle nicht grün und streitet euch wie die Kesselflicker. Nur wenn ein Fremder auftaucht oder ein unerwünschter Mieter einziehen will, seid ihr euch einig. Dann steht diese dreckige, feige Bande wie ein Mann zusammen, und der Neue sieht sich einer geschlossenen Phalanx gegenüber, die bereit ist, ihn bis aufs Blut zu bekämpfen und zu vertreiben. Ganz so haben die das auch bei den Seidels gemacht, allen voran der Zimmermann als treibende Kraft, dieser Mistkerl!" Nachdem er seiner Verärgerung Luft gemacht hatte, verstummte Heinz schlagartig. Urplötzlich trommelte er erneut gegen die Wand und ließ ein weiteres Mal seiner Wut freien Lauf: „Ihr Schweine!" Danach war er still, die Aggressionen schienen verpufft. Minutenlang saß er in sich gekauert und nachsinnend auf der Bettkante. Es verging eine ganze Weile, bis er sich wieder erhob und das Zimmer verließ.

Der Hausmeister beschäftigte Heinz Schulze in jenen Tagen pausenlos. Obwohl der junge Mann den alten Nazi im Grunde genommen abstoßend fand, zog dieser ihn auf eine geheimnisvolle Art und Weise trotzdem in seinen Bann. Wie oft dachte Heinz über Zimmermann nach und fragte sich, wie ein Mensch so bösartig werden konnte. Die Suche nach einer Erklärung nagte und arbeitete mächtig in ihm. Musste er nicht mehr über diesen Kerl in Erfahrung bringen? Wie gerne hätte er ihm eins ausgewischt oder ihn sogar angezeigt.

Heinz hatte herausgefunden, dass Zimmermann bereits seit 1953 im Haus wohnte, also von Anfang an. Er hatte sich bei den älteren Nachbarn umgehört, um mehr über den Kauz zu erfahren. Dabei kam zwar manches zutage; wirklich Brauchbares hingegen nicht. Nichts davon hätte er gegen den Hausmeister verwenden können. Die Leute wärmten lediglich einige längst verjährte Geschichten und Anekdoten auf, die im Haus kursierten. Sie waren zwar nicht uninteressant, allerdings ließ sich damit nichts anfangen. Der junge Mann meinte zudem bemerkt zu haben, dass die Bewohner großen Schiss vor Zimmermann hatten, obwohl der schon so alt war. Ihm war anscheinend nicht beizukommen, und Heinz blieb ratlos. Es wurmte ihn, dass sich in seinen Nachforschungen über den Alten keine Fortschritte ergaben. Hoffnung keimte erst auf, als er die Idee hatte, seinen Nachbarn Kruschke zu befragen. Gut, auch der Kruschke-Opa würde den Zimmermann nicht gleich verpfeifen, aber zumindest kannte er ihn wie kein anderer im Haus …

4. Der Kruschke-Opa

Die Idee schien Heinz vielversprechend, so dass er eines Abends den alten Kruschke in dessen Wohnung aufsuchte. Heinz mochte ihn und gelegentlich hatten sich die beiden zuvor schon über das Haus mit seinen Bewohnern unterhalten.

Der Kruschke-Opa – so nannte man ihn im Block – war ein ganz Netter, vor allem umgänglich und offen, man musste ihm nicht alles aus der Nase ziehen. Er war uralt, über neunzig und tatterig, so dass er sich mit einem Rollator fortbewegen musste. Draußen sah man ihn nur bei schönem Wetter, bei dem er eine Runde um das Haus drehte. Einkaufen musste er nicht; seine Lebensmittel und andere Sachen ließ er sich von der Nachbarin mitbringen. Der Kruschke-Opa hatte keine Haare mehr auf dem Kopf. Mit seinen großen Augen, der überlangen, schmalen Nase und einem breiten Mund sah er witzig aus, wenn er erzählte und dabei mit seinen riesigen Händen herumfuchtelte. Heinz hörte ihm gerne zu, denn der Alte hatte so manches auf Lager, von dem der junge Mann noch nie gehört hatte. Heinz wusste bereits, dass auch der Kruschke-Opa im Krieg gewesen war. Er war ein paar Jährchen älter als der Hausmeister. Wie sich herausstellte, kannte er ihn von Jugend auf, hatte sogar dieselbe Schule besucht. Auch über Zimmermanns Familie wusste er manches zu berichten, worüber Heinz sich nur wunderte.

War also ein Volltreffer, den alten Kruschke zu besuchen! frohlockte Heinz. Der war an diesem Tag gut aufgelegt, so dass Heinz mehr erfuhr, als er zu hoffen gewagt hatte. Sie saßen an Kruschkes Küchentisch, zwischen sich eine Kanne Tee und zwei Tassen.

„Der Zimmermann", legte Kruschke gleich mächtig los, „ist weit über achtzig. In jungen Jahren hat der noch bei der Wehrmacht gedient, obwohl er das gar nicht mehr hätte machen müssen!"

„Wie soll ich das verstehen, Herr Kruschke?", wollte Heinz gern wissen. Daraufhin meinte Kruschke, dass Zimmermann gegen Ende des Krieges noch keine achtzehn Lenze gezählt hatte.

„Der hätte aufgrund seines Alters gar nicht an die Front gemusst, aber er wollte dahin, sogar unbedingt wollte er noch mitmachen, den Endsieg wollte er nämlich erringen! So einer war er, und niemand hätte diesen Fanatiker zurückzuhalten vermocht! Wollte dem Bolschewismus trotzen und dem Russen zeigen, wo es langging und was er draufhatte", kam der Kruschke immer mehr in Fahrt, wobei er ständig mit seinen großen *Grabschaufeln* herumhantierte.

„Dafür ließ dieser Verrückte das Gymnasium und das Notabitur sausen!", seufzte er missbilligend. „Was für ein dummer, verblendeter Kerl!", schrie er nun beinahe. Heinz wunderte sich, sagte jedoch nichts.

„Jedenfalls ist der Zimmermann in seiner Jugend als SS-Mann durch die Gegend gelaufen."

Als Heinz meinte, dass er sich nicht recht vorstellen könnte, wie man mit siebzehn freiwillig in den Krieg ziehen wollte, meinte Kruschke, dass das an diesem verdammten Fanatismus gelegen hätte.

„Der war an allem schuld. Er hat damals das ganze Volk wie eine Seuche befallen, auch mich", gab er zu, „so extrem wie der Zimmermann bin ich allerdings nicht gewesen." Entgeistert schaute Heinz den Kruschke-Opa nach diesem Geständnis an, dem plötzlich klar wurde, dass er an dem Jugendlichen vorbeigeredet hatte, weit vorbei … Wie sollte der Junge die damalige Stimmung jemals begreifen können? Schließlich entstand eine Pause. Der Kruschke-Opa schlürfte zwei-, dreimal an seinem Tee, den er während seiner Erzählung nachgegossen hatte und meinte schließlich, als wollte er das zuvor Gesagte auf den Punkt bringen:

„Versuche, es mal anders zu erklären, mein Junge", sprach er wohlwollend und holte dabei tief Luft.

„Ich hab da nämlich den Verdacht", tat er geheimnisvoll, „der Zimmermann hat damals bloß nach einem verkürzten Weg ins Leben gesucht."

„Was soll denn das bedeuten?", fragte Heinz verständnislos.

„Er sah im Militär die Möglichkeit, schnell zu Geld und Ehren oder an eine gute Position zu gelangen", entgegnete Kruschke wie aus der Pistole geschossen. „Der Zimmermann hat sich vom Krieg was versprochen", fuhr der Alte fort, „denn dumm war der nicht. Allerdings hat er sich damit doch ein wenig verschätzt."

„Wieso?", kam es derart naiv, dass Kruschke seufzte und angestrengt nachdachte, wie er das dem Jungspund am besten klarmachen könnte.

„Sozusagen über Nacht", sprach der Alte nach einer Weile geduldig, „gab es weder den Führer noch den Krieg, verstehst du?" Heinz nickte, so dass der Greis fortfuhr: „Der Führer hatte sich in Luft aufgelöst, und auch von der SS und all den Parteifreunden war weit und breit nichts mehr zu sehen oder zu hören. Plötzlich war Schluss und der Krieg zu Ende. Hitler und seine Gefolgsleute, hieß es, seien im Feld der Ehre gefallen, was eine große Lüge bedeutete, denn jeder wusste: Die haben sich entweder umgebracht oder verdrückt. Von den höheren Chargen haben sich etliche unter falschen Namen nach Südamerika abgesetzt, wie man später herausbekam. Damals kursierten die tollsten Gerüchte. Manche behaupteten sogar, der Führer hätte seinen Selbstmord nur vorgetäuscht und säße mittlerweile irgendwo in Argentinien oder Paraguay auf einer Hazienda. Man hört bis heute solche Geschichten, doch wer weiß schon wirklich, was Sache ist? Ein paar von diesen hohen Tieren", fuhr Kruschke fort, „leben da bestimmt noch. Simon Wiesenthal, ein Überlebender des Holocaust, hat es sich nach seiner Befreiung zur Lebensaufgabe gemacht, die Flüchtigen zu jagen. Manche hat er aufgespürt und in Israel vor Gericht gestellt. Ich kann mir allerdings nicht vorstellen, dass er alle erwischt hat."

„Ich mir auch nicht, Herr Kruschke."

„Ach, lassen wir lieber das Thema! Sollen sie doch irgendwo noch leben! Bei uns ist der Spuk vorbei! Die kommen nicht mehr zurück, und der Zimmermann hat ganz bestimmt nicht zu denen gehört. Das waren nämlich ganz andere Kaliber."

Jedenfalls hätte der Zimmermann laut Kruschke nach seiner *Dummheit* – womit sein Verzicht auf das Notabitur und die freiwillige Meldung für den Kriegsdienst gemeint waren – einfach bloß Pech gehabt. Während Heinz mit den Schultern zuckte, seufzte der Kruschke-Opa tief, besann sich und erzählte den Rest, damit der Junge sich ein präziseres Bild vom alten Zimmermann machen konnte.

„Zuerst“, erwähnte der Alte, „hat der Zimmermann seinen Vater verloren, der wurde in Russland vermisst, und mit Ende des Krieges wurde ihm auch noch sein *Übervater* Adolf Hitler genommen. Mensch!“, brüllte Kruschke plötzlich los, „wie beschissen der junge Kerl sich damals gefühlt haben muss! Das Jungchen war ja von Gott und aller Welt verlassen. Wie gern wäre er noch ein paar Jahre länger Soldat geblieben!“

„Weil er dann versorgt gewesen wäre?“, fiel Heinz ihm ins Wort.

„Ja, vielleicht auch deswegen“, hielt Kruschke inne, wobei er in diesem Moment beinahe traurig aussah, „da könntest du recht haben, mein Junge. Ich vermute, dass er sich auf diese Weise bessere Chancen im Leben ausgerechnet hat. Aber was sag ich denn da, ist doch Quatsch!“

„Wieso?“, wollte Heinz wissen.

„Na, weil der Krieg ohnehin aus und verloren war. Danach fing nämlich alles wieder bei null an. Deswegen war das falsch, was ich gesagt habe.“ Heinz wirkte ratlos und schwieg. Kruschke besann sich und meinte nach einer Weile: „Für den Zimmermann muss damals ’ne Welt zusammengebrochen zu sein. Später hat er sich wieder gefangen, und irgendwann war er Polizist. Na ja“, meinte der Kruschke-Opa schließlich, „der Staat und die Uniform! Beide müssen es dem Kerl irgendwie angetan haben. Ist ja auch was Feines, wenn einem ’en bloßer Rock oder ’ne Mütze Autorität verleihen, so dass andere strammstehen“, lachte er, „ganz bestimmt hat das seinen Reiz!“

Es war spät geworden. Der Alte gähnte und wirkte müde, als Heinz sich bei ihm bedankte und die Wohnung verließ. An diesem Abend war der junge Mann mit sich und der Welt zufrieden, denn nie hätte er erwartet, so viel über den Hausmeister in Erfahrung bringen zu können. Später erfuhr er von einer langjährigen Mitbewohnerin, dass Zimmermann als Polizist sehr *streng* und ein wirklich *scharfer Hund* gewesen sein soll, ein mehr als Hundertprozentiger sogar. „Ist doch eigenartig", bemerkte die Nachbarin, „dass dieser so stattliche, hochgewachsene Herr trotzdem nie richtig Karriere gemacht hat!" Sie hatte es mit einem Bedauern gesagt, rückte allerdings im gleichen Atemzug das zuvor Gesagte ein wenig zurecht, indem sie voller Verehrung ins Schwärmen geriet und dabei leicht errötete: „Na ja, ein einfacher Schupo war er bei seiner Pensionierung nicht mehr. Ein paar Streifen hat er am Ende seiner Laufbahn dann doch auf der Schulter gehabt."

Nach diesen Gesprächen konnte sich Heinz ein detaillierteres Bild vom alten Zimmermann machen und begann, ihn ein wenig anders als zuvor zu sehen. Gut, er hatte immer noch nichts in der Hand gegen ihn, aber wenigstens wusste er mittlerweile deutlich mehr über diesen Mann und konnte ihn sogar ein wenig verstehen. Zweifellos war er ein grantiger, bösartiger Greis, ein schlimmer Finger sogar, aber war er nicht grundehrlich? Zumindest hatte er sich nie verbogen! Und stand er nicht nach wie vor zu seinen Idealen, obwohl sie dem jungen Mann äußerst dubios erschienen!? Der Kruschke-Opa war da völlig anders. Für den war der Zimmermann trotz seines persönlichen Ehrgeizes am Ende lediglich das Opfer einer unglückseligen Zeit und ihres fanatischen Faschismus, der ein ganzes Volk wie eine Seuche infiziert hatte und dem man sich, wenn man Kruschke Glauben schenken wollte, nicht entziehen konnte. Entsprach das nicht genau den typischen Alibis dieser zahllosen schmierigen, kleinen Opportunisten? Mochte der Alte noch so umgänglich und sympathisch wirken und menschlich geradezu als das Gegenteil eines Ludwig Zimmermann erscheinen, so war er doch auch ein Mitläufer gewesen, vielleicht sogar mehr … Der Zimmermann, sagte sich Heinz, hat trotz seines verblendeten Fanatismus – oder vielleicht gerade deswegen? – Charakter bewiesen. Steckten in dem Kerl nicht eine echte, tiefe Gesinnung und Überzeugung?

Es ist zwar nicht meine Lebensanschauung, wird sie auch nie werden, aber hat der Zimmermann nicht etwas von einem Überzeugungstäter? So ist es doch, er war kein willenloser Wendehals, Weggucker oder gar ein unschuldiges *Opfer wie die meisten anderen. Im Gegensatz zu ihnen hatte er Ideale! Kruschke oder meine Oma, die ebenfalls nichts gewusst haben will, hatten sie nicht. Hätte der Zimmermann nicht die falschen Ideale verfolgt, müsste ich ihn jetzt bewundern. In einer anderen Partei hätte aus dem wirklich was werden können, vielleicht sogar was Großes! Da gebe ich dem alten Kruschke recht. Zimmermann hatte schlicht das Pech, in solch eine verworrene Zeit hineingeboren zu werden: Gymnasium abgebrochen, Vater und Übervater tot und dann auch noch Pustekuchen bei der Polizei! Einen Mann mit einer derartigen Vita muss man einfach als* tragischen Helden *bezeichnen. Möglicherweise ist dies nicht die treffende Beschreibung, denn ihm war ja nicht einmal der Heldentod vergönnt. Oder doch ein verhinderter Held? –* Verhinderter Held? *Hört sich schrecklich an, klingt auch irgendwie nach nichts, geradezu lächerlich! Mit einer solchen Schmach,* überlegte Heinz und war sich sicher, dass Kruschke dies auch so empfinden würde, *hätte ein Mann vom Kaliber eines Ludwig Zimmermann kaum weiterleben mögen. Nein, das konnte jemand wie der unmöglich auf sich sitzen lassen.* Heinz erinnerte sich in diesem Augenblick an die Aussage Kruschkes, Zimmermann sei geradezu verbissen ehrgeizig gewesen und trotzdem nur ein kleiner, ganz unbedeutender Polizeibeamter geblieben. Gemeinsam hatten sie überlegt, wie das möglich sein konnte, bis dem Alten, der vergesslich war und beim Erzählen bisweilen den Faden verlor, wieder einfiel, dass man beim Zimmermann immer um dessen Gesinnung wusste, weil er daraus nie ein Geheimnis gemacht hat, im Gegenteil! In Kruschkes Augen wollte man jemanden wie den Zimmermann nicht hochkommen lassen. Trotzdem hat dieser es mit großer Hartnäckigkeit unermüdlich versucht und hätte alles gegeben, sich nach oben zu kämpfen. *Ja*, dachte Heinz, *so dürfte es gewesen sein, und vermutlich war Zimmerman dann dermaßen eifrig und ehrgeizig, dass man ihm bei der Polizei misstraut hat, denn Streber hat man bekanntlich noch nie leiden mögen. Bei den Braunen hingegen konnte man wahrscheinlich nicht fanatisch und scharf genug sein. Denn bei allem Diensteifer, vorauseilendem Gehorsam und seiner Bereitschaft, alles zu geben, scheint Zimmermann als kleiner, braver Ordnungshüter einfach nicht ins Bild der Polizei gepasst zu haben. Das sind – wie gesagt – Vermutungen, doch in etwa muss es so zugegangen sein. Einer wie der hätte besser gleich bei der Fremdenlegion angeheuern sollen, um sich dort richtig auszutoben.*

Auch an der Tätowierung, überlegte Heinz, *kann's nicht gelegen haben, dass der Zimmermann nicht höher auf der Karriereleiter emporgestiegen ist. Ein Hakenkreuz auf der Haut war damals nichts Besonderes, das hatten Hunderttausende andere auch, und manche schienen gerade dadurch Karriere gemacht zu haben. Dieses Zeichen war hinterher, als für die Nazis das Gröbste vorbei war, sogar das beste Vitamin B, das man sich vorstellen kann. Viele haben trotzdem versucht, das zu entfernen, haben mit einem Messer daran rumgeschnippelt oder sich in den Arm geschossen. Solchen Unfug hatte der Zimmermann nicht nötig. Spricht das nicht sogar für ihn? Er war total stolz auf diese Tätowierung, mindestens so stolz wie andere über das Eiserne Kreuz Erster Klasse! Wie auch immer das war,* grübelte Heinz vor sich hin, *zumindest war es ihm weder vergönnt, im Felde Ruhm und Ehre zu erlangen, noch bei der Polizei die gebührende Anerkennung zu finden. Eben ein Mann, der sich ein Leben lang abgestrampelt und zum Dank am Ende einen Arschtritt kassiert hat, so wie Büchners Woyzeck, ja, ganz genau! War Adolfs Werdegang nicht auch verblüffend ähnlich? Der war nach dem Krieg ebenfalls 'ne verkrachte Existenz, hat sich als Postkartenmaler versucht. Sogar im Knast hat der gesessen, da war er allerdings bereits ein ‚Politischer'. Zumindest,* überlegte Heinz angestrengt, *hat Hitler dann die Kurve gekriegt und ist wie 'ne Rakete abgegangen, ein Senkrechtstarter eben. Wahrscheinlich hatte der mehr Glück als Verstand, zumindest mehr als der alte Zimmermann.*

5. Die Seidels

Heinz hatte nun manches über den alten Zimmermann erfahren und war sich der Ambivalenz dieses Mannes durchaus bewusst. Nach außen hin machte der Hausmeister aus seiner Gesinnung kein Hehl und bekannte sich unverändert offen als eingefleischter Nationalsozialist. Wenige Tage nach Heinz' Besuch beim alten Kruschke ging der Psychoterror gegen die Seidels los, wobei es zu sehr unschönen Vorfällen kam.

Dem alten Zimmermann, der den Mob aufgehetzt und von der Leine gelassen hat, hätte man dabei nicht leicht etwas nachweisen können; er war zu gerissen, selbst Hand anzulegen und blieb als graue Eminenz im Hintergrund. Beim ebenfalls eingefleischten Nationalsozialisten Hartmann, einem Rentner aus dem Haus, war das anders. Wie Zimmermann hatte auch er eine dunkle Vergangenheit und sinnierte darüber, wie er anderen das Leben zur Hölle machen könnte. Ansonsten wusste man im Haus nur Spärliches über Hartmann, und Heinz fand nicht viel heraus, denn der Alte war immer *zugeknöpft und unnahbar*. Bei der Sache gegen die Seidels war Hartmann jedoch der Drahtzieher. Er hatte das ganze Vorgehen organisiert und in die Wege geleitet. Dass es hauptsächlich Hartmanns Werk war, wusste Heinz von einem Zeugen aus dem Haus, dem es leidtat, bei diesen Operationen mitgemacht zu haben. Allerdings wurde dieser Zeuge als einziger beim Einwerfen einer Fensterscheibe gesehen und angezeigt. Der Rest – all die anderen kleinen Mittäter und Handlanger, die an diesem Terror beteiligt waren – hatte mehr

Glück; nicht einer von ihnen wurde erwischt. Es waren am Ende nicht wenige, die sich aufgefordert fühlten, gegen die Seidels zu sabotieren. Was Zimmermann anging, der war – wie gesagt – mit allen Wassern gewaschen. Wie ausgekocht dieser Hund jedoch tatsächlich war, manifestiert die Tatsache, dass zwar jeder im Haus den Alten für einen Nazi hielt, jedoch niemand aus dem Haus wusste oder auch nur im geringsten ahnte, dass die Seidel-Aktion letztlich allein dem Willen des Ludwig Zimmermann entsprungen war, der Hartmann manipulierte und als Mittel zum Zweck nutzte. Lediglich die Spur mit dem belauschten Zwiegespräch im Treppenhaus hätte zu ihm führen können, wobei hier allerdings Aussage gegen Aussage gestanden hätte: die von Zimmermann gegen die von Egon Schulze. Trotz der Seidel-Geschichte, die er initiiert hatte, stand der Hausmeister nach außen hin mit einer blütenreinen Weste da. „Bravo!", könnte man ihm Beifall zollen, wobei allerdings das besagte Gespräch mit Heinz' Vater im Treppenhaus einen Makel darstellte, denn dieses konspirative Treffen hätte Zimmermann leicht zum Verhängnis werden können.

Als die beiden erwischt wurden, standen sie friedlich im Halbdunkel des zweiten Stockwerks, dicht vor Schulzes Wohnungstür und redeten miteinander. Heinz war von draußen gekommen und vernahm gleich, nachdem er den Hausflur betreten hatte, ein leises Murmeln und Raunen im Treppenhaus. Er blieb unten, verkrümelte sich in eine dunkle Ecke und lauschte dem Getuschel.

„Die Seidels müssen hier so schnell wie möglich weg!", raunte der Hausmeister energisch. Heinz erinnerte sich, dass das geradezu gebieterisch klang. Wie ein Befehl hat sich's angehört, und Heinz, der die Stimme des Führers von einer Filmdokumentation aus der Schule kannte, kam es vor, als ähnelte der scharfe Tonfall des Alten der Stimme von Adolf Hitler. Wenige Tage darauf ging's dann los! Die Ereignisse überschlugen sich, manches geschah fast zeitgleich. Unvorstellbar, was sich alles ereignet hat!

Zuerst, erinnerte sich Heinz, hatten die Seidels ständig Stromausfälle, vermutlich Kurzschlüsse. Wie sie zustande kamen, konnte er nicht herausfinden, obwohl er eine Lehre als Elektriker angefangen hatte. Mehrmals täglich flog ihnen die Sicherung raus. Zum zentralen Sicherungskasten hatte offiziell nur der Hausmeister den Schlüssel, und der ließ sich jedes Mal reichlich Zeit, bis er endlich in den Keller hinabstieg um nachzusehen. Das war insofern seltsam, als er ansonsten trotz seines hohen Alters wie ein junger Hirsch herumgesprungen ist. Kurz darauf wurden die Reifen von Seidels Auto zerstochen, mehrmals sogar, mal hinten, mal vorne, immer wieder; zuletzt alle vier gleichzeitig. Sie mussten jedes Mal erneuert werden, was außer dem Ärger ganz schön ins Geld ging. Der alte Seidel nahm dann ersatzweise sein Rad und kam natürlich zu spät zur Arbeit. Zum Glück hat er aufgrund der Vorkommnisse nicht seine Stelle verloren. Eines Morgens war der nagelneue Opel, den die Familie sich kurz zuvor angeschafft hatte, an beiden Seiten von vorne bis hinten verkratzt. Die Attacken hörten damit allerdings nicht auf. Meist geschahen sie nachts, und bis auf den Fall mit der eingeworfenen Fensterscheibe wurde nie jemand gesehen oder erwischt. Ein anderes Mal hat man den Seidels Schmierseifenwasser vor die Wohnungstür geschüttet, und die Oma ist morgens in der Lache ausgerutscht. Bis auf einige Rippenbrüche und etliche Prellungen ging die Sache glücklicherweise halbwegs glimpflich aus. Ein anderes Mal war die Türklinke von Seidels Eingangstür mit Fäkalien beschmiert, vermutlich Hundekot.

Weitere Schikanen folgten. Erst wurde ihr Kellerraum völlig demoliert, eines Nachts warf jemand sämtliche Fensterscheiben der Wohnung ein; die eine, die inzwischen erneuert worden war, ein weiteres Mal. So vieles ist geschehen und es wollte einfach kein Ende nehmen! Inzwischen zitterten die Seidels vor Angst, was noch passieren könnte. Heinz' Vater hat bei diesem Terror zum Glück nicht mitgemacht. Das wusste Heinz, weil er ihn seit dieser geheimnisvollen Unterredung im Treppenhaus auf Schritt und Tritt überwachte; er hatte deswegen sogar Urlaub genommen. Sein Vater war für ihn trotzdem ein Verräter, denn er hatte Lügen über die braven Seidels verbreitet und dem Zimmermann zugestimmt. Dass er konkret nichts unternommen und sich an den Schikanen nicht beteiligt hat, lag vermutlich daran, dass er schlicht zu feige war.

Heinz war in Olga verliebt und steckte deshalb mittendrin in dem Schlamassel. Er stand zwischen seiner Familie und den Seidels. Zu Hause fühlte er sich immer weniger wohl und wäre am liebsten abgehauen. Doch wohin? Er war neunzehn, steckte mitten in der Lehre und hatte kein Geld. Mit dem geringen Auszubildendengehalt kam man nicht weit. Er war nicht wütend, sondern nur maßlos enttäuscht und traurig über seine Familie. Vor den Seidels schämte er sich bis auf die Knochen. Das Resultat all dieser Intrigen und Übergriffe bestand darin, dass die Familie still und leise wieder ausgezogen ist. Heinz hatte den Seidels zuvor alles erzählt, selbst das über seinen Vater, doch sie sahen von einer Anzeige ab. Vermutlich hatten sie es ihm zuliebe getan;

ihm wäre es recht gewesen. An diesem Abend gestand er auch, dass er am liebsten ausziehen würde. Daraufhin fragte ihn Vater Seidel:

„Du magst die Olga sehr, oder?" Dass er das Mädchen gernhatte, war kein Geheimnis, so nickte Heinz verlegen, bis er endlich herausbrachte:

„Ja, sehr gern sogar, Herr Seidel." Da unterbreitete das Familienoberhaupt einen Vorschlag:

„Du bist ein guter Bub. Wenn du magst, kannst du bei uns bleiben." Heinz traute seinen Ohren nicht und vergewisserte sich bei Olgas Vater. Der hat bloß seine Frau angeguckt, die freundlich lächelnd nickte, und Heinz wusste, dass die Sache gebongt war. „Wenn du bei uns wohnen willst, musst du dir das Zimmer mit Juri teilen, denke der wird einverstanden sein, zumal ihr euch gut versteht und schon angefreundet habt." Heinz schwebte im siebten Himmel, hat seine Siebensachen gepackt und ging ohne Abschied weg. Die daheim wussten nicht einmal, wo er steckte; ihm war's wurscht. Juri war total nett zu ihm und hat ihn akzeptiert wie seinen jüngeren Bruder; die beiden sind richtige Freunde geworden.

Das Techtelmechtel mit Olga allein war natürlich kein Grund auszuziehen. Heinz, der in diesem Haus groß geworden war, hielt es dort einfach nicht mehr länger aus, nachdem die Seidels fort waren. Klar, obwohl Olga nicht weit weg wohnte oder aus der Welt war, würde er sie vermissen. Doch seit er sie kannte, hatte er erst wirklich kapiert, was im Block vor sich ging. Es kam ihm vor, als hätten die Hausbewohner all das, was sie den Seidels und damit Olga angetan haben, auch ihm zugefügt, und das tat ihm weh, verdammt weh sogar, so dass er nur noch weg wollte, denn in diesem schrecklichen Haus hätten ihn keine zehn Pferde mehr halten können. Wenige Tage danach ist er einfach hinterher. Das Wohnungsamt hatte der Familie eine Bleibe in einem anderen Block im selben Stadtteil zugewiesen. Als der junge Mann unerwartet bei Nacht und Nebel in Seidels neue Wohnung hereinschneite, wurde er herzlich aufgenommen und durfte bleiben. Einfach spitze, fand Heinz, wie die Familie ihn aufgenommen und ihm ein neues Zuhause geschenkt hatte. Vermutlich haben sie das deswegen gemacht, weil er in ihren Augen ein *guder deitscher Bub* war, dem sie ihre Olga eines Tages vielleicht anvertrauen könnten. Dass er der Sohn eines Nazis war, hatte er zuvor ja langst gebeichtet. Sie haben das nie mit einem einzigen Wort auch nur erwähnt.

Auf Olga, erinnert sich Heinz, haben ihre Eltern und ihre Oma allerdings immer ein besonderes Auge geworfen. Sie durfte nicht herumlaufen und all das machen, was andere Mädchen in ihrem Alter so getan haben. Die Seidels sind nämlich Baptisten und haben ihre eigene Art und Sittenstrenge. Zudem hat Olga das auch gar nicht vermisst, denn die beiden waren verliebt, und Olga meinte, Verliebte würden kein Auge mehr auf andere Buben oder Mädel werfen. Im Übrigen hatte jeder seinen Bereich. Heinz schlief – wie gesagt – bei Juri, in dessen Zimmer der alte Seidel ein Hochbett aufgestellt hatte, Olga teilte sich mit ihrer Großmutter das zweite Zimmer; die Eltern belegten das dritte. Manchmal machte Frau Seidel zwar seltsame Andeutungen – es schienen die Befürchtungen einer überaus frommen Baptistin zu sein, die täglich in der Bibel las und zum Essen minutenlang betete –, aber ihre Befürchtungen waren grundlos. Es hätte ja auch gar nichts passieren können, weil selbst die Großmutter immer wachsam war und ein Auge auf die beiden Turteltauben warf.

Wenngleich heutzutage viele so etwas kaum mehr nachvollziehen können, fanden Olga und Heinz das schön. Immerhin lebten sie schon jetzt zusammen in einer Wohnung, und *das andere*, na ja, damit würden sie sich noch ein Weilchen gedulden müssen.

Obwohl es bei den Seidels einmütig und friedlich zuging, herrschten auch dort Ordnung und Disziplin. Gleichwohl, fand Heinz, hatte man seine Freiheiten, gewisse Freiheiten zumindest, doch es war keine Tyrannei, denn es gab einen schönen Familiensinn und Grundkonsens. Der alte Seidel hatte ohne Zweifel die Hosen an und war als Familienoberhaupt das Maß aller Dinge. Vieles entschied er zwar im Einvernehmen mit seiner Frau und der Oma, die auch noch mitreden wollte, aber wenn es drauf ankam, hatte er das letzte Wort, denn manchmal ging es hoch her und es wurde schon mal laut. Heinz kannte das von daheim nicht, jedoch gewöhnte er sich schnell daran. Im Grunde genommen ging es bei den Seidels offen und ehrlich zu, denn man wusste immer, woran man war. Heinz hat sich bei diesen Spätaussiedlern von Anfang an wohl gefühlt, und daran hat sich nichts geändert.

Die Seidels waren fleißige Leute. Jeder von ihnen ging einer Arbeit nach. Keiner hatte einen tollen Job mit einem riesigen Gehalt, doch jeder hatte Arbeit, auch Olga, die eine Bürolehre absolvierte; sie wollte später mal Chefsekretärin werden. Ambitioniert war sie, wieso auch nicht; die Familie schien zu wissen, was sie wollte. Selbst die Oma machte sich noch nützlich, kochte für die gesamte Familie und führte den Haushalt. Nur beim Putzen mussten die anderen ran; sie hatte immer noch Schmerzen infolge ihres Sturzes. Seit seinem Einzug bei den Seidels gab Heinz freiwillig einen guten Teil seines Lohns für Kost und Logis ab. Bestimmt hätten sie ihn auch ohne diesen Zuschuss behalten, aber er fand es in Ordnung und angebracht, denn er war rundum versorgt. Nie fehlte es ihm an etwas und er war wie jedes andere Familienmitglied gestellt.

Bei aller Arbeit und Mühe, die sie hatten, haben die Seidels abends oft von ihrer alten Heimat erzählt, gesungen und miteinander gelacht. Sie haben sich dort zum Großteil selbst verpflegt, Obst und Gemüse angebaut, Fische gefangen, Wildschweine und selbst Hirsche gejagt. Muss ein zwar hartes und entbehrungsreiches, aber auch sehr freies Leben gewesen sein, das sie im fernen Kasachstan geführt haben. Heinz war begeistert, wenn sie aus der Vergangenheit erzählten. Manchmal kamen ihm beim Zuhören fast die Tränen, und er konnte nicht nachvollziehen, warum die Seidels dieses Paradies verlassen hatten.

Ungefähr zwei Jahre nach ihrem Auszug aus dem Haus, über das nie mehr gesprochen wurde, da dies ein Tabuthema war, beschloss die Familie, sich etwas Eigenes zu kaufen. Sie hatten in der Zwischenzeit einiges angespart und kauften nach intensiver Suche schließlich ein älteres Mehrfamilienhaus außerhalb der Stadt, wo es erschwinglicher war und sie es sich leisten konnten. Alle in der Familie haben ihr Geld zusammengekratzt, über die Anzahlung sogar noch einen beträchtlichen Teil hinaus. Auch andere Familienmitglieder aus dem Clan, die in den Westen übergesiedelt waren und in der Nähe lebten, beteiligten sich daran; selbst Heinz steuerte einen kleinen Anteil dazu bei.

Da das Haus genug Platz für alle bot, schaffte der alte Seidel sich einen Hund an, eine deutsche Schäferhündin mit gutem Stammbaum namens Laika. Sie soll das Haus bewachen, um Geschehnisse wie in dem Block zu vermeiden. Kurz nach ihrer Anschaffung hat Laika zur Überraschung aller mehrere Welpen geworfen. Niemand wusste zu sagen, von welchem Rüden sie stammten. Alle haben gelacht und sich riesig gefreut, am meisten die Oma.

Übrigens haben Olga und Heinz mittlerweile ihre Lehren abgeschlossen. Heinz ist jetzt Elektriker und Olga ausgebildete Bürokauffrau. Sie würden demnächst gerne heiraten und Olga hat deswegen bei ihren Eltern schon mal vorgefühlt. Sie ist sich sicher, dass auch ihre Großmutter ihnen dazu ihren Segen geben wird. Sie planen, nach ihrer Hochzeit die Einliegerwohnung im zweiten Stock zu beziehen; es sieht also gar nicht so schlecht aus.

Bei aller Vorfreude auf die für das kommende Jahr geplante Hochzeit belastet Heinz gerade in letzter Zeit das Verhältnis zu seinen Eltern, vor allem zum Vater, der ihn bitter enttäuscht hat. Richtigen Streit hatten sie zwar nicht, allerdings trägt Heinz ihm die Haltung in Bezug auf die Verschwörung gegen die Seidels nach. Heinz ist da allerdings kein Einzelfall, wenngleich die Situation bei Peter, seinem älteren Bruder, ein wenig anders liegt. Von Peter will sein Vater nichts mehr wissen. Heinz' Bruder ist vor einigen Jahren ebenfalls ausgezogen und als Informatiker nach Amerika ausgewandert. Auch ihm gefiel es daheim nicht mehr, wobei Peter immer schon ein abenteuerlustiger Bursche war, den die Ferne gereizt hat. Gelegentlich denkt Heinz über einen Weg nach, die Familie wieder unter einen Hut zu bringen. Wie gerne würde er sie alle zu der geplanten Hochzeit einladen. Vielleicht sollte er Mutter wirklich mal besuchen? Wäre sicher sinnvoll, ein erster Schritt? Er könnte bei ihr vorfühlen und nachfragen, wie es um den Alten steht!? Mutter scheint sich zudem gewandelt zu haben, wenn das kein Bär war, den ihm der Nachbar aufbinden wollte, denkt Heinz und ist sich unsicher. Wie ihm nämlich unlängst beim Einkaufen zugesteckt wurde, soll sich seine Mutter inzwischen sogar in der Flüchtlingshilfe engagieren. Dem Alten mit seinen Nazitiraden wäre sie einige Male in die Parade gefahren, und dabei soll es ziemlich heftig und lautstark zugegangen sein. Obwohl der ehemalige Nachbar dies felsenfest behauptet, ist Heinz immer noch wenig überzeugt. Aber muss er seinen Eltern nicht eine Chance geben? Und dies umso mehr, als ihn vor kurzem sein zukünftiger Schwiegervater Erich gefragt hat, ob seine Eltern zur Hochzeit kämen. Heinz reagierte darauf sehr verlegen und drückte sich um eine klare Antwort. Allerdings war ihm seitdem klar, welche Bedeutung die Heirat für die Seidels einnahm. Dazu gehörte selbstverständlich die Teilnahme aller Familien. Ohne das Erscheinen der Eltern des künftigen Schwiegersohns stellte dies für die Seidels nicht nur eine herbe Enttäuschung, sondern auch einen Gesichtsverlust ohnegleichen dar, denn schließlich ging es um die Eheschließung ihrer einzigen Tochter! Das hatte ihm Erich zu verstehen gegeben, und seither lastete dieser Druck mächtig auf Heinz. *Es muss es mir einfach gelingen,* sagte er sich, *die alten Probleme auszuräumen. Am besten, ich besuche mal Mutter und spreche mit ihr, wenn sie allein und Vater zur Arbeit ist. Ich könnte vielleicht mit einem Anruf vorab mal vorfühlen, wie die Stimmung ist? Besuchen,* überlegte er, *kann ich sie dann ja immer noch. Klar, so könnte es funktionieren! Es wäre geradezu eine Katastrophe, wenn außer Peter keiner aus meiner Familie zu unserer Hochzeit käme!*

6. Der Neujahrsputz

Im zweiten Geschoss des Hauses ist Elfriede Schulze, Heinz' Mutter, mit dem Neujahrsputz zugange. Die Schulzes bewohnen noch immer ihre Vierzimmerwohnung; obwohl die Kinder aus dem Haus sind. Über einen schmalen Korridor gelangt man – an den angrenzenden Räumen vorbei – ins Wohnzimmer. Gleich wenn man die gute Stube betritt, sieht man in den gegenüberliegenden Stadtpark. Eines der beiden Wohnzimmerfenster ist weit geöffnet, die zur Seite geschobenen Gardinen geben den Blick nach draußen frei. Trübes, nasses Regenwetter, ein ungemütlicher Tag, an dem es nicht richtig hell werden will. Für die winterliche Jahreszeit ist es eindeutig zu mild. Straßenlärm dringt herauf, hervorgerufen durch vorüberfahrende Autos und die U-Bahn, die in diesem Außenbezirk oberirdisch verkehrt.

Die Wohnung ist nicht modern eingerichtet. Altdeutsches Wohnzimmer im Stil der 1970er Jahre. Fabrikware, keine Handarbeit mehr, die Möbel in einem satten, dunklen Braun gebeizt. Das Wohnzimmer bildet ein lang gezogenes Rechteck. Auf der einen Seite die Essecke mit dem ausziehbaren Tisch samt vier Stühlen, rechts davon die Küchentür. Am anderen Ende des Schlauchs befinden sich die Sitzecke mit dem Sofa, zwei Sesseln, einem niedrigen Couchtisch sowie dem Fernsehgerät, das an der Seitenwand auf einem kleinen Tisch thront. Dieser Anblick lässt an einen Hausaltar denken, wie in China bei den *Buddhisten* üblich. Über dem Fernseher hängen einige Familienfotos an der Wand. Auch das erinnert an den Fernen Osten. Dort sind es allerdings die Ahnen, zu deren Gedenken man Räucherstäbchen abbrennt oder andere Rituale vollzieht, hier profane Familienbilder mit den beiden Söhnen Peter und Heinz, rechts und links von Vater und Mutter positioniert.

Peter, der Ältere, ist fast Dreißig. Nach seinem Informatikstudium ist er nach Amerika ausgewandert. Hat einen tollen Job. Soll in seiner Firma ein wichtiger Mann sein, Karriere und jede Menge Geld gemacht haben. Inzwischen ist er verheiratet und Vater zweier Kinder, Junge und Mädchen. *Süße Kinder*, begeistert sich Frau Schulze. Doch ihre Freude verebbt jäh, will nicht wirklich Besitz von ihr ergreifen. Nicht ein einziges Bild ihrer Enkelkinder hängt an der Wand, auch nicht von Mary, Peters Frau und Mutter ihrer Enkel. In diesem Wohnzimmer darf sich kein Foto von ihnen befinden.

„Mary", hat Egon Schulze seine Frau belehrt, „ist eine Negerin, und das Bild einer Schwarzen mit ihren Kindern", die er in einem Wutanfall als *schokoladenbraune Brut* bezeichnet hatte, „kommt mir nicht ins Wohnzimmer. Hätte unser Sohn – *dessen Name seit dem Tag seiner Hochzeit nicht mehr ausgesprochen wird* – nicht diese Negerin geheiratet, könnte ich auf ihn stolz sein! Doch so ist das unmöglich!"

Wegen der ablehnenden Haltung war es zum Bruch zwischen Vater und Sohn gekommen und Peter Schulze hatte seitdem keinen Kontakt mehr zu seinen Eltern. Den traurigen Umständen zum Trotz besitzt Frau Schulze dennoch ein paar Fotos von ihrem Ältesten und seiner Familie. Still und heimlich hält sie diese unter Verschluss und hütet sie wie ihren Augapfel. Wie einen Schatz verbirgt sie die Fotos in ihrem Kleiderschrank in einer Kassette, in der sie auch ihren Schmuck aufbewahrt. Wenn ihr Mann außer Haus ist, sieht sie sich die Bilder an. Wie gern würde sie Peter wiedersehen und ihn, Mary und die Enkelkinder in ihre Arme schließen! Bislang allerdings hat sie es nie gewagt, sich dem Verbot ihres Gatten zu widersetzen. Lange jedoch würde sie das nicht mehr aushalten!

Heinz, der Zweitgeborene, ist deutlich jünger als Peter. Studieren wollte er nie, in dieser Hinsicht hatte er andere Vorstellungen vom Leben als sein Bruder.

„Wozu studieren?", meinte er verächtlich, wenn sein Vater ihn bedrängte und nach seinen Berufswünschen fragte. Er hätte seinen Sohn gerne als Hochschulabsolventen gesehen. Seiner Meinung nach die Voraussetzung, um mal *was Anständiges* zu werden. Wäre es nach dem Vater gegangen, hätte er Arzt oder Rechtsanwalt werden sollen, doch Heinz schlug solche Ratschläge immerzu in den Wind, um am Ende seinen Willen durchzusetzen.

„Der Junge will Freude an seinem Beruf haben; immer schon wollte er was Praktisches machen, und ist das nicht gut so?", nahm die Mutter ihren Sohn gegenüber dem ungestümen Drängen ihres Mannes etliche Male in Schutz. Nach Heinz' Auszug ist der Kontakt zu ihrem Jüngsten und Nesthäkchen ebenfalls völlig abgebrochen. Es war wohl wegen eines Mädchens, weshalb Heinz so Hals über Kopf mit seinen wenigen Habseligkeiten verschwunden ist. Gleichzeitig denkt sie, dass der wahre Grund ihr Mann sein könnte, sagt es jedoch nicht. Sie meint sogar zu wissen, dass das Mädchen Olga Seidel ist, spricht ihren Namen allerdings nur ungern aus, den Familiennamen überhaupt nicht. Zu viel ist damals vorgefallen. Frau Schulze schämt sich dessen noch immer, obwohl sie selbst gar nichts gemacht hat. Oder trägt sie daran doch eine Mitschuld? Manchmal wagt sie es, diesen Gedanken zuzulassen. *Vielleicht sind es ja tatsächlich Schuldgefühle oder das schlechte Gewissen, weswegen ich mich in der Flüchtlingshilfe engagiere? Es macht mir sogar Freude, etwas für andere zu tun! Oder helfe ich deswegen mit, weil ich meine eigenen Kinder inzwischen verloren habe, und keinen Sinn mehr darin sehe, nur für meinen Mann und mich selbst zu kochen und den Haushalt zu führen?* Elfriede Schulze kommen, obwohl die Sache mit den Seidels und dem Auszug ihres Jüngsten längst vorbei sind, gelegentlich Gedanken, die ihr unangenehm sind. Sie sind wie lästige Fliegen, die sich nicht verscheuchen lassen und kehren immer wieder. Wie sie sich nach Heinz' Fortgehen gefühlt hat, weiß sie noch genau und merkt, dass es vielleicht doch gut ist, ihre negativen Gefühle auszusprechen, was sie in Selbstgesprächen umsetzt: *Schlimm, als der Junge urplötzlich weg war. Mir war zumute, als hätte ich mit ihm alles verloren. Sein Auszug hinterließ in mir eine Leere und ein Loch, ein tiefschwarzes, riesiges Loch. Man fragt sich, wozu und für wen man noch kochen und putzen, Wäsche waschen, bügeln, putzen und einkaufen gehen soll?*

Obwohl sie in ihrem ehrenamtlichen Engagement ein Ventil gefunden hat, spürt sie bisweilen immer noch eine Sinnlosigkeit, ohne wirklich zu wissen, was ihr fehlt. Sie hat die Hoffnung nicht aufgegeben, ihre Kinder eines Tages wiederzusehen. Seit drei Jahren war Heinz nicht mehr zu Hause, obwohl er in der Nähe wohnen soll. Ein Nachbar, der ihr auf der Straße zufällig begegnet ist, hat es ihr gesagt. Wo genau das sein soll, weiß sie allerdings nicht. Sie vermisst ihren Sohn sehr, wagt jedoch nicht, mit ihrem Mann über ihn zu sprechen, noch nicht zumindest, denn Egon ist unnachgiebig und stur. Sie fürchtet seine cholerischen Wutausbrüche, obwohl sie deutlich an Selbstbewusstsein gewonnen hat, seit sie sich zweimal wöchentlich für einige Stunden ehrenamtlich betätigt. Inzwischen hat sie es sogar zum Streit kommen lassen, weil sie ihrem Mann widersprochen hat. Dabei wurde es so laut, dass die Nachbarn an die Wände geklopft und sich beschwert haben. Trotzdem ist sie immer noch vorsichtig mit dem, was sie sagt, zu vorsichtig, wie sie findet. *Doch bald muss ich es tun,* schwört sie sich, *ihm offen entgegentreten und all meinen Unmut und Groll herauslassen.*

Sehen wir uns in der Wohnung um. Neben dem TV-Gerät an der Stirnseite des langen Wohnzimmers befindet eine zweite Tür. Sie führt links an der Garderobe vorbei in einen schmalen Korridor. An der Garderobe hängt ein großer Spiegel. Jugendstil, ein Erbstück aus Großmutters Zeiten. Die Wände des Wohnzimmers sind mit dicken, schwülstigen Tapeten bekleistert. Ihre einst karminroten Blumenmuster sind von der Sonne ausgebleicht und drohen in sich selbst zu ersticken. Weitere Möbel sind ein langes, halbhohes Sideboard in der Essecke und ein hoher, vier Meter langer Wohnzimmerschrank. Außer zwei Ölgemälden und dem Familienfoto hängt ein weiteres, dezent gerahmtes Bild an den Wänden, das Hochzeitsfoto von Elfriede und Egon Schulze. Das Brautpaar lächelt glücklich in Richtung Kamera. Bücher sind keine zu sehen, nicht ein einziges; lediglich eine Tageszeitung, die auf dem Couchtisch liegt. Alles wirkt sauber und ordentlich, beinahe pedantisch aufgeräumt, so dass man kaum wagen würde, etwas anzufassen oder in die Hand zu nehmen.

Frau Schulze trägt während der Putzarbeit ein Kopftuch und eine dunkelblaue Schürze über ihrem Kleid. Man sieht ihre Arme und Hände, schlanke, bleiche Arme und zarte, gepflegte Hände. Das Gesicht ist schmal, länglich und fahl. Ein immer noch hübsches Gesicht mit nussbraunen Augen, aus denen jeglicher Glanz verschwunden ist, einer kleinen Stupsnase und einem schmalen Mund, der sich an seinen Winkeln leicht nach unten wölbt. Schon während der vergangenen Tage hat sie die einzelnen Zimmer geputzt und Staub gesaugt; das Wohnzimmer bildet den krönenden Abschluss. Neujahrsputz eben. Sie reinigt den Raum mit besonderer Sorgfalt und lässt jedem Möbelstück ihre ganze Hingabe angedeihen. Geradezu verehrungsvoll wischt sie mit ihrem Staubtuch über die einzelnen Stücke. Selbst in die Rillen der gedrechselten Füße des Wohnzimmerschranks und in die Ornamente des Wohnzimmertischs fährt sie. Der ovalen Tischplatte, einer grünen Marmorscheibe, widmet sie geschlagene sieben Minuten. Einige Male betastet sie voller Bewunderung die türkisblaue und weiß-schwarze bizarre Maserung des Marmors. Mit akribischer Gründlichkeit wischt sie ihn feucht ab, reibt ihn sodann mit einem Fensterleder trocken und poliert ihn anschließend blitzblank. Sobald der kalte Marmor wieder glänzt und sie mit seiner gewohnten Spiegelung belohnt, tritt ein Lächeln in ihr Gesicht. Die erstarrt wirkenden Mundwinkel ziehen sich hoch, und in einem Anflug verhaltener Freude weiß sie, dass sie diesen Tag nicht sinnlos vertan hat. Anschließend staubt sie die Stühle in der Essecke ab. Zuerst die Sitzflächen, dann die Stuhlbeine, die Querverstrebungen und schließlich die Rückenlehnen. Die Stühle, wie alles in der Wohnung, sind nicht wertvoll. Und doch besitzen sie für die ältere Frau einen unschätzbaren Wert, der mit Geld nicht aufzuwiegen ist. Man hatte sie sich damals vom Mund abgespart, wollte seinen kleinen Wohlstand vorzeigen, von anderen bewundert, vielleicht sogar beneidet werden; es war der Geist jener Zeit. Inzwischen sind es eigentlich nur noch die Erinnerungen, die an den Möbeln kleben, kostbare Erinnerungen, die einem niemand fortnehmen kann, gute wie schöne, weniger gute und weniger schöne. In regelmäßigen Abständen träufelt die Frau einige Tropfen einer wohlriechenden Politur auf das Staubtuch und lässt sie einsickern. Das Fläschchen mit der Flüssigkeit steckt sie sodann sorgsam in die Tasche ihrer Schürze zurück und fährt mit ihrer Arbeit fort. Frau Schulze ist allein, und manchmal entfahren ihr einzelne, abrupt gesprochene, kaum verständliche Worte, die sie vor sich hin hinmurmelt. Mitunter sind es vollständige Sätze. In diesen Selbstgesprächen wendet sie sich gelegentlich sogar an ihre Möbel:

Seit die Kinder aus dem Haus sind, ist's still geworden. Wen hat man denn noch! Wenn ich nicht jede Woche zu den Flüchtlingen ginge, würde ich vermutlich durchdrehen. Mit Egon, na ja, was will ich mit dem groß reden? Mit ihm ist nicht viel anzufangen, säuft ohnehin zu viel, und ein Thema? Nee, das haben wir gar nicht wirklich, jedenfalls nicht mehr. Seltsam, wie sich alles entwickelt hat. Da ist man so viele Jahre miteinander verheiratet, kennt sich in- und auswendig und dann bleibt einem kaum noch etwas, das einen verbindet oder worüber man sich unterhalten könnte! Als die Kinder noch daheim waren, war's anders. Nur ihr seid mir noch geblieben! richtet sie ihre Aufmerksamkeit seufzend auf die Möbel. *Wisst ihr was?* Nun betastet sie liebevoll ihren kalten Marmortisch, streichelt ihn beinahe. *Ich werde euch nie entsorgen. So lange ich lebe nicht, das verspreche ich! Dazu seid ihr mir zu sehr ans Herz gewachsen. Ihr werdet bei mir bleiben und ich bei euch. Aber machen wir uns nichts vor! Da brauchen wir uns keinen falschen Hoffnungen hingeben. Warum sollten sie euch auch nehmen?*

Werde dafür sorgen, dass ihr nicht entsorgt und in den Sperrmüll wandern werdet; mir wird da schon was einfallen! bemerkt sie mit einem schlauen Lächeln. *Schon merkwürdig,* fährt sie fort, *ich rede mit euch! Bin doch nicht verrückt, oder stimmt was nicht mit mir?* Sie tritt in den Flur und stellt sich vor den Spiegel der Garderobe, als könnte sie sich dort ihres Geisteszustands vergewissern. Immer noch vor dem Spiegel stehend, mustert sie intensiv und forschend ihr Gesicht und ändert dabei mehrmals ihre Mimik. *Nein, ich bin nicht verrückt. Nur ein bisschen vielleicht, denn wer unterhält sich schon mit seinen Möbeln? Vermutlich bereitet mir das viele Alleinsein Probleme.* Sie dreht sich vom Spiegel weg, kehrt die wenigen Schritte ins Wohnzimmer zurück und denkt an ihre Söhne auf dem Familienfoto. Peter war damals Student, Heinz ging noch zur Schule. *Ja, damals war es schön,* erinnert sie sich nachdenklich. *Es ist schon wahr, man hat die Kinder zwar und ist stolz auf sie, aber sie gehören einem nicht. Das muss man als Mutter erst mal begreifen. Und wie schnell sie erwachsen und aus dem Haus sind! Schneller, als einem lieb ist, muss man sie hergeben. Wie rasch das doch geht! Man zieht sie groß, und plötzlich ziehen sie fort wie die Zugvögel. Aber im Gegensatz zu den Vögeln kehren sie nicht zurück, nie mehr! Über Nacht schwärmen sie aus und haben mit einem Mal ihr eigenes Leben, ein komplett anderes Leben als man selbst! Wer soll das verstehen? – Hoffe nur, dass sie immer überblicken, wohin sie ziehen. Die Zugvögel scheinen es zu wissen, aber die Kinder? Bin mir da nicht sicher.*

Plötzlich sieht sie die Tageszeitung auf dem Tisch, stutzt, hält inne und gönnt sich eine kleine Pause. Beim Überfliegen der Todesanzeigen erschrickt sie heftig. *Mein Gott! Die alte Frau Schmidt ist tot! Sie war doch gar nicht so alt, kaum dreiundsiebzig!* Entsetzen, nachdenkliche Sprachlosigkeit. – *Stimmt, hab sie lange nicht beim Einkaufen gesehen! Ob sie die ganze Zeit über krank war? Hätte sie leicht mal besuchen können, sie wohnt ja gleich nebenan, im selben Block! Jetzt ist es dazu zu spät!* – Sie ist traurig und gerät ins Grübeln. *Irgendwie lebt jeder für sich allein in seiner eigenen kleinen Welt. Man merkt gar nicht, was alles um einen herum passiert. Plötzlich ist man tot, einfach nicht mehr da. Wie schnell das geht! Hoffentlich musste Frau Schmidt nicht allzu sehr leiden. Wäre mir ein Trost. Zumindest sollte ich auf die Beerdigung gehen. Ich muss mich dort sehen lassen, unbedingt sogar. Herrje, die ist bereits Donnerstag! Da kann ich nicht kneifen. Gehört einfach zum guten Ton. Doch wann soll ich kochen? – Ach, das krieg ich schon irgendwie hin, dauert ja nur ein Stündchen! Was würden sonst die Kinder von Frau Schmidt über mich denken und die Nachbarn? Die würden bestimmt über mich tratschen und kein gutes Haar an mir lassen; nee, das will ich nicht!* Sie fährt mit ihrer Hand entsetzt über ihr Haar unter dem Kopftuch. *Muss mir unbedingt die Haare machen lassen, sehe aus wie 'ne Vogelscheuche. Ohne ordentliche Frisur kann ich mich da unmöglich sehen lassen!*

Plötzlich klingelt das Telefon. Frau Schulze erschrickt; nur selten ruft jemand an. *Wer mag das sein?* rätselt sie, wirkt dabei unsicher und nimmt nach kurzem Zögern ab. „Schulze" meldet sie sich endlich mit wenig fester Stimme, die sich beim Aussprechen der letzten Silbe zu einer Frage erhebt. Hört nichts. „Wer ist denn da?", erneut fragend. Jemand spricht. Schweigend hört sie zu. Sie ist durch den Anruf überrascht, verwirrt, glaubt sogar, sich verhört zu haben. Vergewissert sich: „Nochmals, wer bitte!?" Hält erneut inne, lauscht … Dann sicherer, beinahe gewiss: „Heinz!?", ihre Stimme vollzieht eine steile Aufwärtsbewegung, verharrt dann auf hohem Niveau. Kann's kaum begreifen, ein Wunder für sie. „Bist du's wirklich!? Mein Junge!", stammelt sie mit Tränen in den Augen. Sie ist völlig aus dem Häuschen, wird bleich und stottert. „Dass du dich meldest! Wie schön!" Er redet wieder, sie hört zu, dann unterbricht sie ihn. „Wie geht's dir denn? Wo bist du jetzt? Und was machst du? … Oh, wie ich mich freue, von dir zu hören!" Jetzt spricht Heinz eine ganze Weile, seine Mutter hört zu, bis es aus ihr herausplatzt. „Dir geht's also gut. Ja, das freut mich, sogar ungemein. Und wo lebst du? Bei Olgas Familie!? Das ist schön!", sagt sie mit einem Stocken. „Wo genau?" Wieder Heinz. „Was? Das ist ja keine fünfzehn Kilometer von hier!", frohlockt sie. Heinz erzählt ihr lange von den Seidels, von Olga und sich, seiner Arbeit und dem neuen Haus, dabei lässt er seine Mutter kaum zu Worte kommen. Als er fragt, ob er mal zu Besuch kommen soll, reagiert sie überschwänglich. „Das wäre wunderbar!" Umgehend wird die von Freude und Hoffnung Erfüllte von der Realität eingeholt und gibt zu bedenken: „Dir ist klar, dass ich mit Vater nicht über euch Kinder reden kann?" Ruhe am anderen Ende der Leitung. Auch sie verstummt eine kurze Weile. Stille, dann spricht wieder ihr Sohn und sie verzieht ihr Gesicht. „Was sagst du da!?", erschrickt sie, hält inne. Sie stutzt bei dem, was sie gerade zu hören bekommt. Heinz redet weiter. „Nein, das wusste ich nicht. Wirklich nicht. Das tut mir aufrichtig leid. Ich erinnere mich zwar, dass Vater seine gehässigen Tiraden losgelassen hat, weil er Ausländer nicht mag, genau wie Menschen anderer Hautfarbe, aber dass er sich damals mit dem Zimmermann gegen die Seidels verbrüdert hat, war mir unbekannt." Dann redet wieder Heinz. „Wie?", fährt sie plötzlich hoch. „Du meinst, ich hätte mich dabei schuldig gemacht!? Nun hör mal, mein Junge, das stimmt so nicht ..." Sie wirkt sehr aufgeregt. „Gut", nun gefasster, „vielleicht habe ich manches am Rande mitbekommen. Aber was hätte ich denn machen sollen? Hätte ich zur Polizei gehen und Anzeige erstatten sollen? Gegen meinen eigenen Mann!?" Wieder spricht ihr Sohn. Dabei wird ihr Gesicht immer länger, sie schaut unglücklich drein. „Ja", antwortet sie schließlich, „schon richtig, was du da sagst, aber eine *Opportunistin, Wegguckerin* oder *Mitläuferin* darfst du deine Mutter nicht nennen. Wegen mir ist dein Vater ein *verkappter alter Nazi* und gewiss, ich hätte ihm manchmal in die Parade fahren, ihm vielleicht sogar den Mund verbieten müssen." Heinz unterbricht sie und redet, dann wieder sie. „Ja, mein Junge, das gebe ich zu. Ich habe es mir in dieser Beziehung zu leicht gemacht, aber bitte nenn mich nie wieder so wie vorhin. Du weißt ja selbst, wie er manchmal ist, du musst auch mich verstehen, dass ich nicht ständig Zank und Streit wollte." Wieder redet der Sohn. „Wie bitte!?", braust sie auf, „du behauptest, ich hätte das mit den Seidels verhindern können!? Dann erklär mir bitte mal, wie!?" Heinz antwortet, sie ist unruhig, offenbar brüskiert und setzt sich verzweifelt zur Wehr. „Wieso verstehst du das eigentlich nicht, oder willst du mich nicht verstehen!? ... lass mich jetzt ausreden, bitte hör mir mal zu! Ob du es mir glaubst oder nicht, ich wusste wirklich nie, was konkret abgegangen ist. Erst hinterher erfuhr ich von den anderen, was passiert war. Und wenn Vater manchmal von diesem oder jenem geschwafelt hat, bin ich im Dunkeln herumgetappt. Hab's nie ernst genommen, zumal er dann gewöhnlich einen sitzen hatte." Der Sohn spricht erneut und der Ton wird rauer. „Herrje, das waren für mich doch immer nur vage Andeutungen, kapier das doch endlich! Nie hat der klar mit mir darüber gesprochen, und fragen – das weißt du doch selbst! – konnte man ihn auch nichts, ohne dass er gleich ausfallend oder wütend wurde. War eben so, Junge, tut mir leid, wenn ich dich enttäuscht habe, wirklich!" Wieder redet ihr Sohn. Die Mutter hört zu, dabei wird ihr angespannter Gesichtsausdruck zunehmend freundlicher und positiver. Die Vorwürfe und Beschuldigungen wurden ausgesprochen und die gröbsten Brocken zwischen ihnen scheinen ausgeräumt. Anscheinend ist man bereit, aufeinander zuzugehen und es miteinander zu versuchen. „Du bist mir also nicht mehr böse, Heinz?", fragt Elfriede Schulze schließlich und setzt nach seiner Antwort hinzu: „Ach, ich bin ja so froh, dass wir darüber gesprochen haben! Mir ist jetzt viel leichter ums Herz!" Doch das Gespräch ist noch nicht vorüber. „Danke, dass du das sagst. Ich freue mich riesig! Vielleicht können wir uns ja bald mal sehen?" Er scheint nicht abgeneigt, und ihr gefällt, was er dann vorschlägt. „Gerne, klar bin ich einverstanden." Heinz spricht wieder. „Ja, dann kommt doch mal vorbei. Das passt euch? Na prima! Wie wär's denn gleich mit morgen?" Heinz redet kurz. „Ja, morgen, an Silvester, wieso nicht?", fragt sie erneut, und Heinz nimmt die Einladung an. „Gut, dann setze ich heute noch eine Bowle auf. Man weiß zwar nie, wie Vater reagieren wird, aber wenn wir uns einig sind, kann er nicht viel machen!" Heinz sagt etwas. „Ja, das ist immer noch so! Kommt doch zum Abendessen, was meinst du?" Ihr Sohn ist einverstanden und erzählt der Mutter von den Hochzeitsplänen und dass diese der eigentliche Grund für seinen Anruf waren. Er verschweigt auch nicht, dass der alte Seidel kürzlich zu ihm gesagt hat, dass zur Hochzeit im Sommer auch unbedingt seine Eltern kommen müssten.

„Ach, das ist schön", bemüht sie sich, Freude zu zeigen, doch man merkt, wie schwer es ihr fällt, „deswegen hast du angerufen, verstehe. Jedenfalls freue ich mich sehr für euch!", wiederholt sie verhalten, ohne jedoch auf die Einladung einzugehen. Anscheinend geniert sie sich zu sehr. Heinz wechselt das Thema. „Ihr kriegt dann gleich eure eigene Wohnung? Herrlich!" Wieder redet Heinz. „Wie bitte?", seufzt die Mutter. „Eure Hunde willst du mitbringen?" Frau Schulze wirkt ein wenig geschockt, beruhigt sich jedoch gleich wieder. „Na, weiß nicht recht, hier in der Wohnung!" Heinz versucht, es ihr schmackhaft zu machen. „Ach so, zwei Welpen, klar, die kannst du mitbringen. Hab ohnehin 'nen Putzfimmel, dann machen die Tiere auch nichts mehr aus." Die Hunde stellen für sie zwar einen Wermutstropfen dar, doch sie findet sich damit ab. Erneut spricht Heinz. Plötzlich will die Mutter noch unbedingt etwas loswerden und erzählt ihm stolz, dass sie seit einiger Zeit in der Flüchtlingshilfe mitarbeitet. Ihr Sohn scheint überrascht. „Doch wirklich, zweimal die Woche geh ich hin. Und ich werde da auch richtig gebraucht." Heinz hat sie offenbar etwas gefragt, denn sie antwortet: „Du willst wissen, wieso ich das mache!? – Ich sag dir mal was, mein Junge", gesteht sie ihm, „nachdem das mit den Seidels passiert war, und du aus dem Hause warst, wusste ich einfach nicht mehr, wofür ich eigentlich gelebt habe. Da las ich in der Zeitung, dass händeringend ehrenamtliche Helfer in der Flüchtlingshilfe gesucht wurden. Hab nicht lange gefackelt, mich da gemeldet und wurde sofort genommen." Heinz scheint noch mehr wissen zu wollen und spricht. Die Mutter hört zu. „Naja, dein Vater weiß das zwar, allerdings interessiert es ihn nicht, nicht wirklich zumindest." Wieder Heinz. „Konflikte? Allerdings gab's Konflikte! Und nicht zu knapp kann ich dir sagen! Bin dem in letzter Zeit einige Male über den Mund gefahren, kannst dir ja vorstellen, worum es ging." Heinz spricht. „Klar, um die Flüchtlinge, um was sonst!? Ist für ihn momentan das große Thema. Würde die am liebsten alle auf den Mond schießen." Heinz redet, dann sie. „Meinte ich ja, Junge, und dann hab ich dem mal Kontra gegeben. Der war hinterher ganz still." Heinz scheint es sich nicht vorstellen zu können. „Doch, hab ihn richtig geplättet, denn auf die Flüchtlinge lasse ich nichts kommen!", betont sie fest und Heinz unterbricht sie kurz. „Ganz richtig, was du sagst, Vater kann nicht nur austeilen, sondern muss endlich lernen, auch mal was einzustecken. Weißt du, da kamen schon ein paar Mal die Nachbarn angerannt, wenn wir uns gezofft haben, aber mir ist es wurscht! … Ja, auch der Nachbar, der es dir erzählt hat. Der hatte nämlich geglaubt, Egon hätte mich verprügelt, doch dem war nicht so, und dann ist er wieder abgezogen. Jedenfalls lass ich mir mittlerweile nicht mehr alles gefallen." Heinz sagt noch kurz etwas. „Deine Pause ist gleich zu Ende? Ich muss auch weiterarbeiten. Bis morgen Abend dann!"

Nachdem sie den Hörer aufgelegt hat, sitzt sie im Sessel und ist glücklich, einfach überglücklich. Wie lange war sie das nicht mehr! Sie stellt sich vor, wie es sein wird, wenn ihr Sohn und die zukünftige Schwiegertochter am nächsten Tag zu Besuch kommen. Gemeinsam werden sie zu Abend essen, Bowle trinken und sich unterhalten. Dabei hofft sie, dass ihr Mann kein Spielverderber sein oder Schwierigkeiten machen wird, keine dummen Sprüche gegen *Polacken, Russen* oder *Rucksackdeutsche* von sich gibt. Ohnehin peinlich genug, der Tochter der Seidels gegenüberzutreten. Sie freut sich dennoch riesig, fragt sich allerdings, wie sie es ihrem Egon erklären soll. War sie zu voreilig, ihren Sohn so eigenmächtig und ohne Rücksprache mit ihrem Mann einzuladen? Der Schuss könnte leicht nach hinten losgehen und der Versöhnungsversuch in einer Katastrophe enden. Sie ist sich dessen bewusst und zerbricht sich den Kopf, wie sie dieses Wiedersehen diplomatisch und klug einfädeln kann …

Eigentlich hat sie noch vieles zu erledigen, aber sie verharrt noch einige Minuten still im Sessel und genießt ihr Glück. Plötzlich fällt ihr ein, dass sie die Bilder schon mindestens drei Wochen lang nicht mehr abgestaubt hat. Wie von Panik ergriffen, springt sie auf, macht sich sogleich an die Bilderrahmen und saugt anschließend die beiden Teppiche. Nachdem sie den Staubsauger in die Diele gebracht hat, fasst sie sich mit der rechten Hand in die Lendengegend und stöhnt: *Sollte mir doch 'ne Spritze geben lassen. Das wird einfach nicht besser; sind wohl wieder die Bandscheiben, man wird eben nicht jünger.*

Sie setzt sich erneut in den Sessel und betrachtet dabei die Bilder, die an den Wänden hängen. Es sind Landschaftsansichten, Bergpanoramen. Gemalte Ölbilder, keine Drucke. Für einen Moment schließt sie genussvoll die Augen und erinnert sich. *Die haben damals ein Vermögen gekostet. Wie schön sie immer noch sind! Für mein Leben gern würde ich diese Berge mal in natura sehen, aber mit Egon wird das nichts werden, der verspürt zum Verreisen keine Lust.* Eine Weile schwelgt sie in alten Erinnerungen, wobei um ihre Mundwinkel ein zufriedenes Lächeln steht, denn damals war das Leben noch schön.

Ihre Augen wieder geöffnet, schweift ihr Blick zur Wanduhr, die in leisem, gleichmäßigem Takt vor sich hin tickt. Einen Moment hält sie inne und nimmt das Ticken wahr. Es geschieht in der gleichen monotonen Regelmäßigkeit wie das Rauschen der vorbeifahrenden Autos. Hin und wieder erklingt das quietschende Geräusch einer bremsenden oder anfahrenden U-Bahn. Schlagartig fällt ihr ein, dass sie noch kochen und manches für den anstehenden Besuch vorbereiten muss. Erschrocken springt sie auf, um das Mittagessen fertigzustellen; ihre Rückenschmerzen scheinen vergessen.

Sie steht in der langen, schmalen Küche am Herd. Es ist zu eng, um einen Tisch mit zwei Stühlen aufzustellen, an dem das Ehepaar essen könnte. Bei geöffneter Küchentür blickt man auf den Esstisch im Wohnzimmer, der mit einer abwaschbaren grün-gelben Tischdecke aus Kunststoff bedeckt ist, freundlich aussieht und dem von dunkelbraunen Möbeln überladenen Raum ein wenig Farbe und eine hellere Atmosphäre verleiht. Eine Vase mit roten und gelben Rosen steht in der Mitte des quadratischen Tischs, kommt aber nicht gegen das bedrückende Dunkelbraun des Wohnzimmers zur Geltung. Die beiden großen Teppiche, einer unter dem Esstisch, der andere unter dem ovalen Wohnzimmertisch in der Sitzecke, sind ausgebleicht. Obwohl sie farblos und blass wirken, hellen auch sie die düstere Stimmung des Raums nicht auf.

In der Küche deckt Frau Schulze den Tisch: Zwei große, flache Teller, rechts und links daneben Messer und Gabel. Sie gähnt und ist müde, muss aber noch die Kartoffeln aufsetzen und den Salat waschen und macht sich an die Arbeit. Lieber würde sie jetzt weiter die Zeitung lesen, aber sie hat noch Bügelwäsche. Nach dem Kochen holt sie das Bügelbrett aus dem kleinen Abstellraum neben dem Wohnzimmer. Zwischendurch nimmt sie, am Herd stehend, ein paar Happen ihrer Mahlzeit zu sich, um Zeit zu sparen. Den unbenutzten Teller räumt sie vom Esstisch ab und beginnt zu bügeln. Hauptsächlich sind es Hemden ihres Mannes, den sie bald erwartet. Es ist bereits Nachmittag und sie steht unter Zeitdruck. Normalerweise ist sie mit der Hausarbeit fertig, wenn er heimkehrt, um dann auch Feierabend zu haben. Sie weiß, dass es nicht mehr lange dauern kann, denn um diese Zeit kommt er gewöhnlich immer.

7. Feierabend

Im Schloss der Wohnungstür dreht sich kurz darauf der Schlüssel. Herr Schulze ist zurück, der letzte Arbeitstag des Jahres liegt hinter ihm. Endlich Feierabend! Am nächsten Tag ist Silvester und seine Behörde macht den Rest der Woche dicht. Statt sich zu freuen, flucht er halblaut vor sich hin.

„Wieso schließt die blöde Kuh die Tür nicht ab!" Glücklicherweise ist seine Frau derart in ihre Bügeltätigkeit vertieft, dass sie das Gesagte nicht hört. Erst das hallende Geräusch seiner festen Schritte macht sie auf ihn aufmerksam. In diesem Moment betritt ihr Mann das Wohnzimmer. Sie ist überrascht, ihn plötzlich so dicht neben sich stehen zu haben und zuckt leicht zusammen, denn sie weiß nicht, wie er gelaunt ist und was sie erwartet. Vorsichtig und kaum hörbar bringt sie ein „Na, da bist du ja!" hervor. Er lässt ein ziellos gesprochenes „Hallo" fallen, und während er es sagt, drückt er seiner Frau einen Kuss auf die Wange.

„Hatten noch 'ne Dienstbesprechung!" gibt er kund, während er zur Garderobe schreitet und sein Jackett an einen Kleiderbügel hängt. „Der Chef lässt die Diskussion jedes Mal ausufern, und die Kollegen kommen dann vom Hölzchen aufs Stöckchen, vor allem diese Weiber. Total überflüssig und geradezu idiotisch! Als wollten sie sich dadurch beliebt machen. Kein Wunder, wenn ich dabei 'nen dicken Hals kriege!"

„Kann ich mir bei dir gut vorstellen. Hoffentlich hast du dir nichts anmerken lassen?"

„Was sollte ich mir nicht anmerken lassen?", braust er kurz auf.

„Deine Verärgerung, meine ich."

„Nee, denke nicht", antwortet er nach kurzem Innehalten. Konnte mich gerade noch beherrschen."

„Gott sei Dank!", meint seine Frau. „Dann bin ich beruhigt. Hatte schon Sorge, du könntest wieder mal ausgerastet sein."

Sie kennt ihn und sein cholerisches Temperament und weiß, wie schnell er aus der Haut fährt. Auch im Amt ist das bereits einige Male passiert. Am meisten fürchtet sie sich davor, dass er seinen Vorgesetzten anschnauzen könnte. *Mein Mann,* denkt sie, *ist zwar Beamter, und wenn man nicht gerade goldene Löffel klaut, ist man das auf Lebenszeit. Aber selbst ein Beamter muss sich am Riemen reißen, vor allem, wenn er ein kleiner Fisch ist wie Egon.*

Der schon ältere Egon Schulze ist von kurzem Wuchs. Sein Gesicht ist rund, faltenfrei und vorschriftsmäßig glattrasiert, ein Babyface. Den leicht geröteten Kopf umgibt ein lichter, winziger Haarkranz, der mehr einem Flaum gleicht. Trotz seines kleinen Bauchansatzes ist er immer noch beweglich. Er kramt in seiner Aktentasche herum, einer unmodernen, schwarzen Ledertasche mit Riemen und Schnallen.

„Ging wieder um die Flüchtlinge!", sagt er gereizt, während er seine leere Brotdose aus der Tasche hervorholt, um sie in die Küche zur Spüle zu tragen. Danach geht er in den Flur und wirft seine Tasche lustlos und wie angewidert an ihren angestammten Platz auf den gefliesten Boden neben der Garderobe. Seine Frau beobachtet es und schüttelt unwirsch mit dem Kopf.

„Ach, Egon, geh doch mit der Tasche ein wenig liebevoller um!"

Keine zwei Sekunden danach steht er erneut neben ihrem Bügelbrett und verzieht über ihre Bemerkung das Gesicht zu einer hässlichen Grimasse.

„Dürfte der Tasche nichts anhaben, wird die paar Jährchen, die ich sie noch brauche, schon überstehen." Seine Frau sieht ihn verärgert an, doch schweigt. Ihr Blick ist für ihn unerträglich. „Mach doch nicht so ein Gesicht, Elfriede! Als wenn ich weiß Gott was ausgefressen hätte!" Dann holt er tief Luft, atmet ebenso tief wieder aus und setzt hinzu: „Um die Tasche mach dir mal keine Gedanken. Die fällt nicht so schnell auseinander. Bis man mich in Pension schickt, hält die noch, obwohl ich nicht sicher bin, ob ich selbst dieses Leben noch so lange aushalte."

„Darum geht's doch gar nicht!", fährt sie dazwischen, „ich meine doch bloß, wie du die …", versucht sie zu erklären, doch ihr Mann würgt ihren Einwurf, der ihm zur Genüge bekannt ist, mit einer abweisenden Handbewegung ab.

„Ich will dir mal was sagen, Elfriede: Diese Tasche ist von Hand genäht, bestes Rindsleder, Wertarbeit eben. Mit so was gibt sich heutzutage kein Mensch mehr ab!"

„Aber sieht sie nicht fürchterlich aus, Egon!?"

„Schön und gepflegt ist sie kaum mehr, das weiß ich selbst, und altmodisch ist sie außerdem. Trotzdem ich bin stolz auf das gute Stück." Elfriede Schulze bügelt weiter und meint resigniert:

„Na, dann wünsche ich dir weiterhin viel Glück damit!" Er tritt näher ans Bügelbrett heran und flüstert, als wollte er ihr ein Geheimnis anvertrauen:

„Weißt du, was neulich mein Chef zu mir zu gemeint hat?" Sie schüttelt verneinend mit dem Kopf.

„Du meinst wegen der Tasche?"

„Ja klar, weswegen sonst!"

„Wie soll ich das wissen?" Er baut sich in voller Größe und mit aufgeblähter Brust vor ihr auf und tönt selbstbewusst lauthals:

„Da hat es doch dieser Schnösel gewagt, mich abfällig auf meine Tasche hin anzusprechen. Der hat allen Ernstes gemeint, dass dieses *Prachtstück* wohl bald ausgedient hätte!"

„Na und!?", entfährt es ihr gleichgültig.

„*Na und!?*, ist alles, was dir dazu einfällt!?" Erschrocken sieht sie ihn an, sagt aber nichts.

„Ich war wie vor den Kopf geschlagen, geradezu erschüttert über diese Unverschämtheit. Und weißt du, was ich zu diesem Armleuchter gesagt habe?" Während er seiner Frau diese Frage stellt, lässt seine Erregung spürbar nach und ein sarkastisches Grinsen tritt in sein Gesicht. Entgeistert sieht sie ihn an und haucht ein kaum hörbares:

„Nein, wie soll ich das wissen?"

„Habe diesem Idioten erklärt, dass die Tasche ein Erbstück aus dem Nachlass meines Vaters ist! Der Kerl hat mich daraufhin mit seinen blöden Kalbsaugen entsetzt angestarrt, sich verständnislos umgedreht und ging fort. Was soll denn das! Auf meinen Vater und seine Tasche darf ich doch nichts kommen lassen! Sie stammt aus der Vorkriegszeit und hat ihre Geschichte. Mein Vater war Mitglied der NSDAP! Auf ihn und die Tasche bin ich stolz, und dieser ignorante Schwachkopf vom Amt soll erst mal nachdenken, bevor er sein Maul aufreißt! Mag der auch hundert Mal studiert haben und Chef unserer Behörde sein, für mich ist das bloß ein armseliger Wicht!"

„Der ist eigentlich ganz nett, finde ich!"

„Nett findest du den ...!?"

„Weiß jedenfalls nicht, ob das so klug von dir war? Immerhin ist Herr Wegmann dein Vorgesetzter!" Egon Schulze hingegen sieht das anders und ist mächtig stolz darauf, es seinem Chef gezeigt zu haben.

„Was soll's", meint er barsch, „wenn dieser Wegmann nicht von sich aus kapiert, dass man ältere Kollegen zu respektieren hat, muss man ihm auf die Sprünge helfen!"

Die Ehefrau rümpft missfallend die Nase und bügelt weiter.

Wenig später sitzt Egon Schulze vor seinem leeren Teller am Esstisch und blättert in der Zeitung. Es ist Montag, und am meisten interessieren ihn die Spielberichte und Tabellen der Fußballbundesliga. Er studiert sie alle, selbst viele Ergebnisse aus den unteren Ligen hat er im Kopf. Darüber kann er allerdings mit seiner Frau nicht reden; es wäre zwecklos. Inzwischen hat er aufgehört, über bestimmte Dinge mit ihr zu sprechen. Man hat sich im Laufe der Jahre auf diesem Level arrangiert, nachdem man festgestellt hatte, kaum noch ein gemeinsames Thema zu haben. Ein beklagenswerter Zustand. Schulze weiß, dass es nicht rosig um ihre Beziehung steht, scheint sich damit jedoch abgefunden zu haben. Zumindest unternimmt er nichts, um den Status Quo zu verbessern. Seine Frau möchte mit ihm über die Kinder sprechen und wie gerne sie Kontakt zu ihnen hätte. Gerade jetzt, nach dem Anruf ihres Jüngsten. Doch sie wagt es nicht aus Furcht vor seinen Tobsuchtsanfällen. In letzter Zeit ist er zwar ruhiger und beherrschter, aber sie kann sich nicht sicher sein, denn er bleibt unberechenbar. Vielleicht ist es ja nur die Ruhe vor dem nächsten Sturm? Seit Monaten ist er nicht mehr explodiert, allerdings permanent mürrisch und gereizt. Wie oft reagiert er schroff und überempfindlich. Sie meint eine unsichtbare, hohe und unüberwindbare Mauer zu spüren, die er um sich herum errichtet hat, sein Schutzwall wohl. Wovor er sich wohl schützen muss? Wie gerne würde sie wieder zu ihm durchdringen, um wie früher ungezwungen und offen mit ihm zu reden.

„Wie war's denn heute?", bemüht sie sich, mit ihm ins Gespräch zu kommen. Er scheint immer noch verstimmt, offenbar beleidigt, weil sie ihn zuvor kritisiert hatte, und reagiert pampig.

„Wie war was?"

„Die Arbeit natürlich, was sonst?"

„Außer dieser Dienstbesprechung war nichts Besonderes."

„Genau wie hier. Nur, dass es den ganzen Tag regnet."

„Das habe ich auch schon bemerkt, aber das Wetter interessiert mich nicht. Mir gefällt es einfach, wenn nichts Besonderes ist!" Die Ehefrau weiß nicht, ob sie ihn richtig verstanden hat:

„Was meintest du gerade?"

„Finde es eben gut, wenn nichts Besonderes passiert."

„Aha, und was soll das heißen?"

„Nichts. Nichts Besonderes zumindest, nur so."

„Kann ich mir kaum vorstellen!"

„Ist aber so, wirklich nichts."

„Nichts?"

„Wenn ich's dir doch sage!" Einen Moment später fügt er erklärend hinzu:

„Du verstehst sowieso nie, was ich meine. Im Büro war jedenfalls nichts Neues und auch sonst gibt es nichts Besonderes, jedenfalls nichts, was der Rede wert ist, außer der Sache mit dem alten Zimmermann."

„Was für eine Sache?"

„Ach, lass!" Er will es ihr anscheinend nicht sagen, weiß auch nicht, wie sie darauf reagieren würde, doch sie merkt ihm an, dass er sich mächtig über etwas geärgert haben muss und lässt ihn in Ruhe.

„Sonst ist jedenfalls alles in Ordnung!", lässt er nach einer Weile unterkühlt vernehmen.

„Hier auch", fügt sie in entsprechender Manier hinzu.

„Etwas gibt es da schon", korrigiert sie sich, „aber das kann ich dir momentan nicht sagen, später vielleicht." Er überhört es, scheint in seinen Gedanken meilenweit weg zu sein. Ganz bestimmt würde er wieder ausrasten, wenn sie ihm in diesem Moment von Heinz' Anruf erzählte.

„Hier passiert ohnehin nicht viel, und das ist gut so. So weiß man wenigstens, woran man ist!", orakelt er nach einer Weile, und seine Frau weiß nichts damit anzufangen.

„Woran man ist?", echot sie.

Die Luft zum Atmen wird zunehmend dünner und die Atmosphäre vergifteter.

„Ja, sicher, wieso nicht?"

Dann holt sie tief Luft und fragt ihn:

„Wie soll ich das verstehen?"

„So wie ich's gesagt habe!"

„Das begreife ich nicht."

„Muss man auch nicht begreifen!", sagt er trotzig. Sie schweigt. Nach einer Weile meint er: „Hauptsache, wenn alles in Ordnung ist und nichts Außergewöhnliches passiert."

„Du denkst immer gleich an was Schlimmes! Es gibt doch schöne Dinge, über die man sich freuen kann!"

„Ach wo! Was passiert denn schon Schönes oder Gutes!?"

Sie ist sprachlos, bis er schließlich meint:

„Es gibt nichts Besseres, als seine Ruhe zu haben."

„Merkwürdiger, komischer Kerl. Traurig, wenn ein Mensch so borniert ist", spricht sie leise vor sich hin.

Er hört es nicht, und sie vermutet, dass seine Gedanken wieder beim alten Zimmermann sind.

„Dein Essen steht auf dem Herd", versucht sie ihn aus seinen Gedanken zu wecken, bekommt allerdings keine Antwort.

„Ich hole es dir gerne, wenn du willst."

„Nein, nein", entgegnet er genervt ohne aufzusehen, „das mache ich schon selbst. Muss noch den Artikel zu Ende lesen." Drei Minuten später schlurft er in die Küche, kommt mit dem Teller zurück und stochert lustlos im Essen herum. Nur zaghaft kriegt er einige Happen herunter; die halbe Portion bleibt übrig.

„Wieso isst du nicht, geht's dir nicht gut?" Mit einem Mal schaut er auf.

„Ich frage mich schon die ganze Zeit, wieso du nicht die Wohnungstür abschließt, wenn du allein in der Wohnung bist?" Sie sieht vom Bügeln auf, geht hoch wie eine Rakete und wehrt sich empört:

„Warum soll ich mich denn einsperren?"

„Heute früh, beim Weggehen, hatte ich abgeschlossen!"

„Und ich habe heute Vormittag Geld auf der Bank geholt und danach eben nicht mehr abgesperrt!" Das hat er nicht erwartet.

„Hm", meint er, aber bleibt ansonsten stumm.

„Wofür überhaupt!?"

„Fände es sicherer."

„Warum soll ich ständig abschließen, für wen oder was? Das sehe ich überhaupt nicht ein! Nur weil dieser verrückte Kerl das gerne hätte?", setzt sie leiser werdend hinzu. „Ist doch krank, geradezu neurotisch, sich tagsüber in seiner eigenen Wohnung zu verbarrikadieren!" Sie seufzt und schüttelt unwillig mit dem Kopf. Ihr Mann liest in der Zeitung, hat es jedoch mit halbem Ohr mitbekommen.

„Du solltest mal ab und zu in die Zeitung hinein-
schauen und nicht nur die Werbung oder deine Todesanzeigen lesen! Dann wüsstest du, was alles so passiert!
Gestern haben sie in den Nachrichten gemeldet, dass
die Wohnungseinbrüche im letzten Jahr sprunghaft
angestiegen sind. Und ich sag dir, das waren nicht die
Osteuropäer!" Die Ehefrau schmettert sein Argument
energisch ab:
„Ich weiß schon, was du sagen willst. An allem sind
bei dir die Flüchtlinge schuld!"
„Sind sie's etwa nicht!?"
„Ich frage mich nur, woher du das so genau weißt?
Außerdem habe ich mir zu diesem Thema längst meine
eigene Meinung gebildet, und die sieht ein wenig anders
aus als deine ewige Hetzerei gegen Ausländer."
„Ah, du hast dir also deine eigene Meinung gebildet!?"
„Ja, wieso nicht, oder darf ich keine haben?"
„Rede doch nicht solchen Blödsinn."
„Blödsinn? Ich erinnere mich noch an Tage, und die
liegen nicht sehr lange zurück, da wolltest du mir vor-
schreiben, was ich zu denken hätte und sagen dürfte,
und am liebsten, wär's dir doch gewesen, wenn du persönlich meine zwei Kreuze bei der Wahl gemacht hättest!"
„Was behauptest du denn da für Unverschämtheiten!?"
„Ich erinnere nur an die Seidels, außerdem sind noch
etliche andere Sachen passiert! Jedenfalls immer, wenn
es im Haus um Ausländer ging, musste ich den Mund
halten, wenn ich überhaupt mal etwas mitgekriegt habe.
Hast du wohl vergessen, wie?"
„Was du da alles behauptest ..., wirklich interessant!",
gibt er sich gleichgültig, wobei er sie mit einem verächt-
lichen Blick zu strafen versucht, doch seine Frau kommt
immer mehr in Fahrt.

„Zum Glück bin ich jetzt in der Integration von Flüchtlingen tätig und weiß, wovon ich rede."

„Du kriegst doch gar nicht mit, was abgeht!", platzt es aus ihm heraus.

„Na, hör sich das mal einer an!", protestiert sie heftig.

„Mach dir doch nichts vor, Elfriede. Ich dagegen weiß so manches, was du bei deinen Flüchtlingen gar nicht zu sehen bekommst! Erst vergangene Woche haben einige von der Stadtverwaltung mit der Polizei bei denen eine Razzia durchgeführt, und ich habe den Bericht darüber in die Finger gekriegt. Erwähne das übrigens nur, damit du nicht sagst, ich hätte mir das aus den Fingern gesogen. Willst du wissen, was dabei herausgekommen ist?"

„Lieber nicht."

„Wäre aber gut, sind nämlich alles Fakten!", geht er sichtlich triumphierend in die Offensive. Sie ahnt, worauf er hinauswill, und wendet den Kopf in eine andere Richtung, als könnte sie es nicht ertragen, ihm zuzuhören.

Von seinen Vorurteilen, Beschimpfungen und Hasstiraden gegen Ausländer und Flüchtlinge hat sie längst die Nase voll. Sie kann es nicht mehr hören, wenn er so redet und will sich das nicht länger bieten lassen. Früher war das anders. Sie weiß, dass sie naiv war und den Meinungen ihres Mannes meist kritiklos gefolgt ist. Vermutlich hat Heinz sogar recht, und sie hat sich tatsächlich mitschuldig gemacht. Zumindest hat sie nicht verhindert, dass andere Menschen zu Schaden gekommen sind. Allerdings scheint sie nach der *Seidelaktion* und dem Auszug ihres jüngsten Sohnes endlich *wach* geworden zu sein.

Auch jetzt droht ein Streit zu entflammen, da Egon fortfährt:

„Von den hundertachtundvierzig Flüchtlingen, die im Heim untergebracht sind, wurden siebzehn nicht angetroffen, anscheinend untergetaucht. Sieben waren nicht registriert und hatten da nichts verloren, und die Polizei vermutet, dass die mehrfach abkassieren!"

„Ich kann diese Pauschalverdächtigungen nicht mehr hören!"

„Von wegen Pauschalverdächtigungen! Lass mich erst mal ausreden, dann verstehst du, was ich meine!"

Elfriede Schulze betrachtet ihr Bügeleisen. Sie hat sich vorgenommen, Ruhe zu bewahren.

„Bei den Asylanten wurden Messer, Pistolen, geklaute Waren und Drogen sichergestellt. Ganz zum Schluss fand sich schließlich die Ursache für die verstopften Toilettenabflüsse. Weißt du, was der Grund dafür war?"

Sie schweigt, und er tönt siegessicher:

„Es waren fünf Pässe vom IS, die man auf diese Weise entsorgt hatte. Was sagst du jetzt?"

„Worauf willst du damit hinaus?", reagiert sie keck und wenig beeindruckt.

„Ach, Elfriede, lassen wir's lieber. Ist zwecklos, mit dir darüber zu reden!"

Die Kommunikation ist hoffnungslos festgefahren. Stille. – Nach einer Weile fragt er beiläufig:

„Ist eigentlich Post gekommen?"

„Wartest du auf was Bestimmtes?"

„Was sollte das sein?"

Die Ehefrau bügelt weiter und schweigt beharrlich. Ihr ignorantes Verhalten geht ihm auf die Nerven, und wie verzweifelt geht er in die Offensive:

„In meinem Alter wartet ein Mann wie ich auf nichts mehr, außer vielleicht auf die Pension und dann auf den Tod."

„Warum sagst du so merkwürdige Sachen!?"

„Was ist falsch an dem, was ich sage?" Abwehrend schüttelt sie den Kopf. Jetzt ist er richtig eingeschnappt. Sie verschwindet in der Küche und macht die Tür hinter sich zu.

Er wirft erneut einen Blick in die Zeitung, kann sich aber nicht konzentrieren, faltet sie zusammen und wirft sie mit einer Geste des Missfallens zurück auf den Tisch. Egon scheint unzufrieden und nuschelt Unverständliches vor sich hin. Dabei stützt er seine Ellbogen auf den Tisch, vergräbt das Gesicht in seine Hände, sinnt nach und hadert mit sich. Er ist allein; hin und wieder vernimmt man ein Murmeln und Raunen, wenn er mit sich selbst spricht.

Ich verstehe das nicht! Warum nur duldet Zimmermann keine Haustiere? Wer, denkt der eigentlich, wer er ist?! Auch der Hartmann und diese Typen von der Hausverwaltung wollen das nicht zulassen. Unvorstellbar! Dass die keine Ausländer und nicht den Lärm spielender Kinder haben wollen, kann ich ja nachvollziehen. Aber keine Tiere? Wie gerne hätte ich einen Hund, gerade jetzt, so kurz vor der Rente, wo mir daheim die Decke auf den Kopf fällt. Nein, die können nicht alles bestimmen und hier im Block neue Hausregeln einführen. Das nehme ich nicht hin, wohne schließlich seit fünfunddreißig Jahren hier! Soll der Zimmermann doch hundert Mal behaupten, ein Köter würde die Ruhe und Ordnung stören, würde heulen und kläffen und auf dem wohlgepflegten Rasen seine anrüchigen Hinterlassenschaften verursachen. Das ist doch purer Unsinn! Wo sind wir denn und in welcher Zeit leben wir? Was der Alte und seine Konsorten sich da anmaßen, geht einfach zu weit! Hat wohl nicht alle Tassen im Schrank! Ich sollte mit dem Hausverwalter mal ein ernstes Wörtchen unter vier Augen reden. Aber vielleicht muss ich das gar nicht, denn was die da ändern wollen, dazu haben die doch gar keine Handhabe, das ist nicht nach dem Gesetz, zumindest höchst zweifelhaft! Das kann so nicht rechtskonform sein, denn die Hausordnung ist schließlich nicht das Gesetz, und der Hausmeister und die Hausverwaltung können nicht für einen ganzen Block bestimmen, dass keine Haustiere gehalten werden dürfen. Das ist ja der reinste Größenwahn!

Nachdem er seinen Dampf abgelassen hat, wirkt Schulze beruhigter, nimmt die Hände vom Gesicht, sitzt deutlich entspannter auf seinem Stuhl und sinniert weiter.

Dabei wär's eine wirklich feine Sache, einen Hund anzuschaffen. Hab's schon so lange vor, und gerade jetzt wäre der optimale Zeitpunkt dafür. Klar kostet das Zeit und Mühe. Täglich muss man raus an die frische Luft, manchmal auch zum Tierarzt. Dennoch, so ein Hund, das ist schon was Feines, und hätte ich dann nicht einen Freund und treuen Kameraden? Dadurch steigt sicher das persönliche Wohlbefinden. Mein Leben bekäme wieder Farbe und einen richtigen Inhalt! Was hat man denn sonst? Außer Fußball und dem Skatabend nur Tristesse und eine Frau, die zwar lieb und nett ist, mich aber nicht versteht. Reden wir nicht ständig aneinander vorbei? Nicht mal einen Garten hab ich, wohin ich mich verdrücken könnte. Hätte gut daran getan, damals den Schrebergarten vom alten Schubert zu übernehmen. Hinterher ist man meistens schlauer. Jetzt ist's zu spät, was soll's! So wie jetzt kann's allerdings nicht weitergehen. Das halte ich nicht aus. Wie soll man da nicht durchdrehen! Ja, ich sollte wirklich einen Hund anschaffen. Dann müsste ich mich auch nicht ständig streiten. Sollen die von Hausverwaltung sich nur auf den Kopf stellen, das Haus gehört denen nicht, und daran hindern werden die mich jedenfalls nicht!

8. Unverhoffter Besuch

Durch ein Klingeln an der Haustür wird Egon Schulze aus seinen Gedanken gerissen. Auch seine Frau hat es gehört, öffnet die Küchentür und fragt:

„Machst du auf, Egon?"

„Nein, besser du, Elfriede."

„Kann gerade nicht weg, bereite den Braten für morgen vor!", ruft sie zurück. Lustlos erhebt er sich und ruft:

„Gehe ja schon!"

Er schlurft in Pantoffeln durch die Diele, öffnet die Wohnungstür und ist überrascht, einen seiner Freunde aus der Kneipe zu sehen. Es ist Hans, sein Skatbruder vom Stammtisch, der zwei Straßen weiter wohnt.

„Mensch, Hans, dass du dich mal zu mir verirrst!", freut Schulze sich sichtlich über den Besuch, der ihm Abwechslung verspricht.

„Wollte einen kleinen Spaziergang durch das Viertel machen, aber bei dem starken Regen hab ich es mir anders überlegt. Dachte, der Egon ist bestimmt schon daheim und hab einfach geklingelt."

„Gute Idee von dir! Was hast du bloß für ein Sauwetter mitgebracht!?"

„Schön ist es wahrhaftig nicht", sagt der Skatfreund und schüttelt sich den Regen von den Kleidern.

„Komm endlich rein und leg die Jacke ab! Gib her, ich hänge sie an die Garderobe. Mensch, die ist ja klatschnass!"

„Nicht so schlimm, wie es ausschaut."

„Hast du keinen Schirm dabei?"

„Kein Problem, in ein paar Minuten bin ich wieder trocken."

„Na, hoffentlich erkältest du dich nicht!" Der Gast steht schon im Wohnzimmer, während Schulze die Jacke aufhängt und ihm danach folgt.

„Nimm doch Platz, Hans!" Der Gast sieht Egon ein wenig hilflos an und schweigt bescheiden; er steht immer noch fremd und wie angewurzelt im Zimmer herum.

„Wo du willst", fordert der Gastgeber seinen Kumpel mit einer freundlichen Geste auf, „wir haben keine feste Sitzordnung." Hans nimmt auf dem Sofa Platz und bedankt sich.

„Wer ist's?", ruft Frau Schulze lauthals aus der Küche.

„Der Hans!"

„Wer?", erkundigt sie sich, denn sie kennt die Stammtischbrüder ihres Mannes nicht alle persönlich.

„Ein Skatfreund. Wohnt hier in der Nähe, zwei Straßen weiter!", klärt Egon Schulze seine Frau auf.

„Soll ich euch einen Kaffee aufgießen?" Die beiden Männer zwinkern sich gegenseitig zu und sind sich einig, dass ihnen was anderes lieber wäre.

„Nein danke, Elfriede, nicht nötig!", lehnt der Hausherr höflich ab, um seinen Gast beinahe zu bitten:

„Trinkst doch einen mit, Hans?"

„Gerne, Egon!", als hätte er nur darauf gewartet. Nach einem kurzen Ausflug in die Küche erscheint der Hausherr mit einem Tablett, auf dem Schnapsgläser, eine ungeöffnete Flasche Weizenkorn, Biergläser, Untersetzer sowie zwei Flaschen Bier stehen.

„Was man nicht im Kopf hat, muss man eben in den Beinen haben", sagt Egon plötzlich halblaut, tippt sich an den Kopf und verschwindet nochmals in der Küche, um den Flaschenöffner zu holen. Hans sieht sich derweil im Wohnzimmer um. Er macht ein betrübtes Gesicht und scheint sich unwohl zu fühlen. Um die Sechzig dürfte er sein, ein hochgewachsener, stattlicher Mann mit ergrautem Vollbart und einem schmalen freundlichen Gesicht. Das Haar ist gepflegt und kurz geschnitten, ab dem Scheitel licht. Er trägt eine Jeans und ein grün-kariertes Flanellhemd. Schulze kommt mit dem Flaschenöffner zurück.

„Trink nicht wieder so viel wie letztes Mal, Egon!", ruft ihm seine Frau hinterher, wobei sie flüchtig den Gast mustert und ihm freundlich und zugleich verlegen zulächelt. Danach verschwindet sie erneut in der Küche. Egon Schulze tut die Bemerkung seiner Frau vor seinem Kumpel mit einer abweisenden Handbewegung als dummes Geschwätz ab und grinst ihn von der Seite an:

„So sind die Frauen nun mal; sei froh, dass du nicht verheiratet bist."

„Vermutlich hat alles seine zwei Seiten!?"

„Ohne Frauen geht's halt nicht! Was will man da machen?"

„Bloß ein notwendiges Übel der Natur? – Na, ich weiß nicht recht."

Egon hebt sein Glas zum Anstoßen, die Antwort fällt aus.

„Zum Wohle, Hans!"

„Auf dein ganz Spezielles, Egon!"

Während sie reden, stoßen sie immer wieder an und trinken abwechselnd Schnaps und Bier.

„Schieß los, Hans, was führt dich zu mir?"

„War – wie gesagt – in der Nähe", erklärt er räuspernd, „und dachte, ich sollte mal vorbeischauen."

„Warum so zaghaft, war doch 'ne dufte Idee. Weiß manchmal gar nicht, was ich mit meiner Freizeit anfangen soll. Da gibt es Tage, an denen einem regelrecht die Decke auf den Kopf fällt."

„Und das sagst du?"

Schulze sieht seinen Skatfreund prüfend und erstaunt an, aber schweigt.

„Was soll ich dann sagen?", fährt Hans fort. „Du hast immer noch deine Arbeit; hätte liebend gerne ein paar Jährchen drangehängt. Aber wer will heutzutage noch einen alten Knochen?"

„Hast du damals eigentlich 'ne Abfindung gekriegt?"

„Ein Glück, dass ich die bekommen habe. Danach war ich zwei Jahre arbeitslos, bis sie mich schließlich nach endlosem Hin und Her aufgrund meiner gesundheitlichen Probleme – hatte ja diesen schweren Hinterwandinfarkt – in Rente geschickt haben."

„War doch gut, oder?"

„Gut? Von wegen gut. Bin nicht zu dir gekommen, um zu klagen, aber weißt du, was ich an Rente habe?" Egon als Beamter, der solche Sorgen nicht haben muss, hebt unwissend die Schultern, sieht den Gast erwartungsvoll an und meint:

„Keine Ahnung."

„Dir kann ich's ja verraten. Sind gerade mal neunhundertfünfzig Euro, und weißt du, wie viel mir davon zum Leben bleibt?"

„Wie soll ich das wissen?"

„Davon geht die Kranken- und Pflegeversicherung ab, und Miete, Telefon und Strom muss ich natürlich auch bezahlen. Macht nach Adam Riese siebenhundertfünfzig, so dass mir unter dem Strich gerade mal zweihundert Piepen bleiben." Der Gastgeber ist perplex.

„Kaum zu glauben! Wie will man denn davon leben!?"

„Tja, aber so ist es wirklich, ich lüg dich nicht an! Mir bleibt die Woche ein Fuffziger, zum Sterben zu viel, zum Leben zu wenig. Eigentlich müsste ich auf die Barrikaden gehen!"

„Auf die Barrikaden? – Weiß nicht, aber kann mir wirklich nicht vorstellen, wie man damit hinkommen soll."

„Siehst du, ich bin ehrlich, Egon, denn deswegen sitze ich heute bei dir und trink dein Bier und deinen Korn. Bin nämlich völlig abgebrannt." Der Gastgeber sinnt einen Augenblick nach und entgegnet:

„Kannst wegen mir jede Woche vorbeikommen, Hans, alles kein Problem, allerdings stimmt mich das nachdenklich, was du mir gesagt hast." Bevor sie weiterreden, prostet Schulze seinem Gast erneut zu. Sie trinken Schnaps und Bier im Wechsel, als müsste er diesen Schock erst einmal verdauen, denn er ist betroffen von Hans' Situation.

„Was du da vorhin gesagt hast, kommt mir geradezu unglaublich vor, Hans."

„Kann's dir schwarz auf weiß zeigen", beteuert der Stammtischkumpan und beginnt, seine Hemdtasche zu durchsuchen, in der einige Kontoauszüge stecken.

„Lass mal!", wehrt Schulze energisch ab. „Allerdings, mit Verlaub gefragt", vergewissert sich Egon, wobei er seinen Gast musternd ansieht, „wenn du heute schon blank bist, wie willst du dann den Rest des Monats überstehen? Sind ja noch einige Tage hin bis wieder was kommt?"

„Schon richtig, das wird nicht einfach werden," bestätigt Hans und kratzt sich verlegen an der Wange.

„Würde dir gerne eine kleine Überbrückungshilfe geben", sagt Egon großzügig, „nur viel kannst du momentan nicht von mir erwarten." Er zückt sein Portemonnaie und nimmt seufzend einen Fünfziger heraus:

„Würde dir der reichen?"

„Mensch, Egon! So viel muss es doch gar nicht sein; die Hälfte davon wäre schon genug!" Schulze drückt Hans den Geldschein in die Hand, der Anstalten macht, ihn zurückzuweisen.

„Nimm's schon und steck's ein!" Hans gehorcht und beeilt sich zu versichern:

„Danke, Egon, nächste Woche kriegst du den wieder, versprochen ist versprochen."

„Nun mach mal langsam, mein Lieber, und setz dich nicht unter Druck! Unter Freunden: Diesmal sollst du's behalten; will's gar nicht zurück!" Der Kumpel schüttelt Egon die Hand, als sei er ein Lebensretter, doch der wehrt entschieden ab.

„Lass das Theater, Hans, ist ja nicht die Welt! Aber sieh zu, dass du nächsten Monat nicht wieder in einen Engpass gerätst!"

Das sitzt und klingt in Hans' Ohren wie ein massiver Vorwurf. Als müsste er sich für seine Misere rechtfertigen, rutscht er verlegen und unruhig auf dem Sofa hin und her. Anscheinend kämpft er gerade mit sich. Vom Alkohol sichtlich angeheitert, platzt es aus ihm heraus:

„War mein Leben lang Installateur, ein guter sogar, habe vierzig Jahre lang hart gearbeitet und in die Rentenkasse einbezahlt. Keinen Tag arbeitslos! Und am Ende stellst du fest, dass es nicht reicht."

„Das ist bitter. Steht dir denn nicht staatliche Unterstützung zu?"

„Hab ich alles schon versucht. Liege leider ein paar Euro über dem Existenzminimum. Da gibt es keinen Cent!" Der Gastgeber wirkt ratlos und schweigt, denn Hans' Problem beschäftigt ihn.

„Jetzt verrate ich dir noch was, Egon, ist nämlich der Hammer!" Schulze schaut seinen Gast misstrauisch von der Seite an, als hielte er Hans für einen Parasiten, der erklärt: „Hätte ich nämlich im Leben herumgebummelt und nie richtig gearbeitet, stünde ich jetzt besser da!"

„Wieso?"

„Weil ich dann alles vom Staat bekäme; die Stütze ist nicht von schlechten Eltern!" Egon Schulze zuckt mit den Achseln, scheint es nicht zu begreifen, bis Hans es ihm erklärt: „Das ist nämlich so. Wenn einer gar nichts hat, gibt man dem nicht nur eine Wohnung, sondern zusätzlich noch vierhundert Piepen im Monat."

„Vierhundert!?"

„Zum Leben. Wir lassen hier keinen verhungern!"

„Ist doch gut, oder nicht?", fragt Schulze.

„An und für sich schon. Wenn aber jemand wie ich sein Leben lang gearbeitet hat und ein paar Euro über dem Existenzminimum liegt, gibt es für den nichts."

„Gar nichts?"

„Nein, keinen Cent! Ist das nicht unglaublich!?" Schulze stutzt. Er hat sich noch nie wirklich mit solchen Fragen auseinandergesetzt.

„Tatsächlich?", fragt er ungläubig, während er Hans erneut argwöhnisch beäugt.

„Das ist echt so, Egon!", beteuert der Gast.

„Ich wusste gar nicht, dass es bei uns so krass zugeht."

„*Krass*!? – Das ist nicht krass, das ist eine bodenlose Sauerei!" Schulze denkt nach und bestätigt:

„Ja, sicher ist es das!" Nun spürt Hans Rückenwind. Man merkt ihm seine Erleichterung angesichts der moralischen Unterstützung sichtlich an:

„Gratuliere, Egon, du hast den Nagel voll auf den Kopf getroffen! Nun weißt du, wie beschissen ich dran bin, obwohl ich mich wundere, dass einer wie du das versteht."

„Wieso sollte ich das nicht verstehen?", fragt Egon zurück, anscheinend brüskiert.

„Na, will dir nicht auf den Schlips treten, immerhin bist du ein Beamter, der solche Probleme nicht kennt.

„Und wenn schon!", wehrt Egon Schulze energisch ab. „Mag sein, dass ich nicht gut informiert bin, doch verstehen tue ich das sehr wohl!"

Hans ist zufrieden darüber, dass Egon nicht beleidigt ist, bekommt nun sichtlich Oberwasser und schimpft über die Gesellschaft und die Politiker.

„Ich muss einfach feststellen, dass sich Leistung in diesem *Bananenstaat* nicht mehr lohnt, und das ist höchst unfair und verlogen. Oder siehst du das anders?", vergewissert er sich.

„Nein, Hans, da geb ich dir vollkommen recht. Was da abläuft, geht auf keine Kuhhaut mehr; es ist wirklich was faul in unserem Staat."

„Für mich ist das ein Verbrecherstaat, der seine Bürger, die ein Leben lang gearbeitet haben, so dahinvegetieren lässt. Wir haben uns ein Leben lang den Arsch aufgerissen, und was ist der Dank?"

„Stimmt, Hans! Selbst ich habe bemerkt, dass immer mehr Alte nicht genug zum Leben haben, dass das Rentenniveau immer weiter sinkt, dass …"

„Richtig!", fällt ihm Hans ins Wort, „es geht doch nicht an, dass viele Senioren von ihrer Rente nicht mehr leben können. Wie viele Witwen gehen mit fünfundsiebzig noch putzen? Geh doch mal mit offenen Augen in die Discounter und guck dir an, was manche im Einkaufswagen haben. Wie oft siehst du darin nur Brot, Margarine und Marmelade! Wurst oder ein gutes Stück Käse? Für manche schon der reinste Luxus. Der Regierung ist es doch scheißegal, wie es den Menschen wirklich geht. Hauptsache, die bleiben dran."

„Gut gesagt, genau das denke ich auch, Hans!", pflichtet Egon bei und holt zwei neue Bierflaschen. Sie prosten sich während des Redens eifrig zu, die Gläser klirren und der Alkohol zeigt bei den beiden immer deutlicher seine Wirkung.

„Ich frage mich allerdings, wie das mal enden soll?", nimmt Schulze den Faden wieder auf.

„Das will ich dir sagen! Not, Elend und bitterste Altersarmut bedeutet das, was sonst! Ich denke, man will in unserem Staat nur noch zwei Sorten von Menschen: Reiche und Arme."

„Nur noch Reiche und Arme?" Egon ist erschrocken.

„Was denn sonst! Unseren guten alten Mittelstand? Den radiert man systematisch aus, und an die Reichen traut man sich nicht ran. Die lässt man immer reicher werden. Selbst die *Roten* machen um die einen weiten Bogen. Was bleibt, sind all die kleinen Lohnempfänger, die für die paar Kröten, die sie kriegen, von morgens bis abends schuften. Wie viele von denen kratzen jetzt schon am Existenzminimum! Dabei sind diese armen Schweine die Hauptsteuerzahler, die man bis auf den letzten Tropfen ausquetscht. Ob Linke oder Rechte, ach, ich sag's dir, die alle sind doch Verbrecher! Die stecken unter derselben Decke und machen sich die Taschen voll."

„Die Politik war immer schon die Marionette der Wirtschaft!", pflichtet Egon ihm bei.

„Eine Marionette!? Eine gottverdammte Hure ist sie!", schreit Hans. „Reden wir doch Klartext: Viele von denen, die arbeiten gehen, hätten mehr, wenn sie daheimblieben."

„Wieso?", fragt Schulze erstaunt, und dann erklärt ihm sein Gast, dass man als Malergeselle, Schlosser oder kleiner Sachbearbeiter knapp über dem Mindestlohn liegt, der gerade mal fünfzehnhundert Brutto im Monat beträgt.

„Weißt du, was am Ende davon übrigbleibt?"

„Vielleicht zwölfhundert", schätzt Egon.

„Ja, so ungefähr", tönt Hans, „damit muss man Miete, Strom, Telefon und sein Auto finanzieren, mit dem man täglich zur Arbeit fährt, und dann hat man noch keine Scheibe Brot gegessen. Wie soll man also davon leben, oder wie will man bei so einem Hungerlohn noch heiraten oder Kinder in die Welt setzen?"

„Stimmt exakt, Hans! Wenn man das mal durchrechnet, merkt man erst, dass es tatsächlich nicht reicht!", folgert Egon, der anscheinend noch nie darüber nachgedacht hat.

„Richtig, mein Lieber", lobt ihn der Skatbruder, „du fängst allmählich an, den Ernst der Lage zu begreifen, denn wenn die Einkommen so niedrig sind, müssen sich Mann und Frau Tag und Nacht abstrampeln."

Im Verlauf ihres Gesprächs stellen sie fest, dass mehr und mehr Menschen offenbar von der Hand in den Mund leben und es vielen inzwischen nicht mehr so rosig geht, wie die Politiker behaupten. Die beiden kommen schließlich auf die Demokratie zu sprechen. Hans redet sich immer mehr in Rage und gibt seiner Unzufriedenheit am Gesellschaftssystem Ausdruck. Egon Schulze hört hauptsächlich zu.

„Weißt du, was?", outet sich Hans mit einem Mal freimütig vor Egon: „Lebe ja selbst schon nach dem Motto *Wes Brot ich ess, des Lied ich sing*!" Er verstummt sogleich, als Egon Schulze ihn mit einem strafenden Blick von der Seite mustert:

„Mensch, ist dir eigentlich klar, was du da von dir gibst?", fährt er Hans an, als hätte dieser ein Sakrileg begangen.

„Sicher, Egon!", antwortet er fest. „Da ich nichts zu verlieren habe, kann ich doch sagen, was ich denke.

Die Gedanken sind frei, und kommt nicht zuerst das Fressen und dann die Moral!? Was kann man mit dem bisschen Moral schon erreichen, wenn man mit seinen schwachen Kräften gegen all diese Windmühlen an-kämpft? Und macht Moral einen vielleicht satt?" Schulze schweigt betroffen, während Hans fortfährt:

„Nee, Egon, so blöd wie früher bin ich nicht mehr! Wenn einem keiner hilft, muss man sich selbst helfen. Die Lumpen, die uns regieren, sollen endlich was fürs Volk tun, sonst müssen sie weg! Ja, weg müssen die Schweine! Sie belügen uns und spielen uns eine heile Welt vor. Die tun so, als ginge es jedem gut, als lebten wir im Schlaraffenland und als herrschten Wohlstand und soziale Gerechtigkeit für alle. Doch das sind Lügen, bitterböse Lügen! Ich sag dir, Egon, bislang funktioniert das noch einigermaßen, denn immer noch hungert hier keiner wirklich. Aber unser System ist zutiefst verlogen und ungerecht, und die Menschen haben das inzwischen durchschaut und lassen sich nicht mehr alles gefallen."

Egon stutzt, denkt nach. Schließlich seufzt er tief und fragt:

„Wie lange gibst du der Regierung eigentlich noch?"

„Woher soll ich das wissen! Jedes Kind sieht, dass die Regierung längst abgewirtschaftet hat! Bis sie abtritt, kann's nicht mehr lange dauern. Aber den Zeitpunkt da-für festlegen? Das halte ich für vermessen. Warte mal, bis das Rentenniveau noch weiter absackt, die EU zu-sammenbricht oder noch ein paar Selbstmordattentate passieren, dann wirst du erleben, wie den Volksparteien die Stammwähler davonrennen. Scharenweise werden sie flüchten, ich sag's dir! Vielleicht halten sie sich ja noch ein oder zwei Legislaturperioden, aber dann ist Schluss mit lustig, und die anderen kommen dran!"

Schulze stimmt Hans unumwunden zu, scheint nun selbst immer mehr in Euphorie zu geraten und wagt es schließlich, sich dem Skatbruder gegenüber zu öffnen.

„Am liebsten", sagt er mit fester Stimme, „wäre mir persönlich ja einer, der bei uns mal so richtig aufräumt und Ordnung schafft."

„Das meinst du doch nicht ernst!?", entgegnet Hans entsetzt.

„Gewiss meine ich das ernst!", gibt Egon zu und nickt bestimmt vor sich hin.

„Aber willst du wieder einen Diktator haben!?", sorgt sich der Skatbruder.

„Wieso denn nicht!"

„Du möchtest also allen Ernstes einen wie den Adolf!?" Man merkt, wie der Kumpel mit sich kämpft, und Schulze spürt, dass er seine Aussage so schroff nicht im Raum stehen lassen kann.

„Nun, ich wünsche mir zwar keinen neuen Hitler, aber hätte doch ganz gerne einen starken Mann, eine feste Hand eben, vielleicht auch eine bessere Partei, sowas wie die AfD vielleicht!"

„Ausgerechnet die AfD?", fragt der Gast, immer noch ein wenig erschrocken und sichtlich verunsichert. Als Egon merkt, dass er mit seiner Position keinen Anklang findet, rückt er sie ein wenig zurecht:

„Zumindest will ich jemanden, der wirklich die Macht hat, die Probleme, in denen wir stecken, anzupacken und zu beseitigen! Bei den jetzigen Parteien geht es doch keinen Schritt voran, es wird nur schlimmer!"

„Verstehe", sagt Hans, halb zweifelnd, halb abwägend, wobei man spürt, dass ihm Egons Rechtsdrall ganz und gar nicht behagt. „Du willst offenbar ein Pendant zum alten Zimmermann, nur ein paar Nummern größer?"

„Keinen wie den Zimmermann", beschwichtigt ihn Schulze, „der ist mir zu unberechenbar!"

„Das meinte ich ja gerade, Egon. So was kann nämlich leicht ins Auge gehen. Willst du nicht auch mehr soziale Gerechtigkeit und Wohlstand fürs Volk?"

„Schon", fühlt Egon sich genötigt zuzustimmen, obwohl er das Gemeinwohl nicht wirklich in Betracht zieht. Hans denkt derweil noch nach, denn das, was Schulze sich vorstellt, geht ihm zu weit. Mit einem Diktator und einer Partei wie der AfD weiß er nichts anzufangen. Wenn jeder genug zum Leben hat, sein Auskommen findet und ein menschenwürdiges Leben führen kann, ist nach Hans' Meinung viel erreicht. Doch der Beamte legt nach. Das muss er tun, weil er merkt, dass die Kluft zwischen ihren Auffassungen immer weiter auseinanderdriftet, und als Rechter oder AfD-Mann will er schließlich nicht dastehen.

„Klar", meint Egon, „wieso nicht ein Mehr an sozialer Gerechtigkeit! Warum soll es nicht allen gutgehen?" In Wahrheit denkt er genüsslich an seine Beamtenpension, den bescheidenen Wohlstand und die Sicherheit, die diese ihm garantiert. „Ich denke, du hast völlig recht! Wieso nicht ein wenig umverteilen, das ist gewiss nicht verkehrt. Allerdings ist mir ehrlich gesagt nicht ganz klar, wie das funktionieren soll."

„Das kann ich dir verraten! Ich bin nicht gegen einen Umsturz, wenn es nicht anders möglich sein sollte", beteuert Hans, „aber ich denke, da gibt es einen viel besseren Weg, friedlich und ohne Gewalt."

„Wie soll der aussehen?", zeigt sich Egon skeptisch.

„Eine solche Veränderung ließe sich meiner Meinung nach erfolgreich herbeiführen, wenn sie vom ganzen Volk ausginge und das Volk selbst regieren würde."

„Aber das tut es doch!", fährt Schulze dazwischen.

„Du meinst also im Ernst, wir hätten in Deutschland eine Demokratie?", geht Hans hoch. „Überleg doch mal, was eine Demokratie eigentlich ist."

„Eine Volksherrschaft", entgegnet Egon nüchtern wie aus der Pistole geschossen.

„Richtig! Aber haben wir die hier, oder werden wir vielmehr nicht nach Strich und Faden verarscht!? Ich für meine Person erkenne bei uns keine Demokratie. Wir haben zwar Parteien und gewählte Volksvertreter, die von den Parteien aufgestellt werden, aber ist es angesichts dieser Parteiendiktatur nicht eine gottverdammte Lüge, von einer Volksherrschaft zu sprechen?"

„Wie begründest du das?"

„Eine Begründung willst du?", reagiert Hans scharf. „Wenn jemand den etablierten Parteien im Parlament nicht passt, wird der ausgeschlossen. Der hat, wenn er nicht auf Parteilinie liegt, keine Chance. Solche Leute werden mundtot gemacht und nicht mehr aufgestellt."

„Hm", überlegt Schulze, ohne etwas zu erwidern.

„Oder erkläre mir doch mal, wie und wann das Volk wirklich nach seiner Meinung gefragt wird?", erregt sich Hans. „Eine richtige Demokratie haben wir hier jedenfalls nicht. Außerdem ist diese *Fünfprozenthürde* in den Parlamenten nichts anderes als eine zusätzliche *Firewall* der Parteienmafia vor frischem, neuem Gedankengut oder konträren Meinungen. Wir kennen bei uns ja nicht einmal eine Volksabstimmung! Alles, was wir haben, ist eine Diktatur von einigen ominösen Parteien mit noch ominöseren Vertretern. Eine Demokratie ist das jedenfalls nicht!"

„Schon richtig", schluckt Schulze, „andere Gedanken haben dadurch keine Chance. Aber wie willst du das ändern?"

„Nicht ich, das ganze Volk muss das hinkriegen!"

„Also diejenigen entmachten, die uns regieren?", fragt Egon.

„Genau, die müssen weg!"

„Und wie!?"

„Beispielsweise durch einen landesweiten Volksentscheid!"

„Du willst tatsächlich die Regierung stürzen?", vergewissert sich Schulze erschrocken.

„Genau, allerdings nicht ich als Einzelperson, sondern das ganze deutsche Volk muss es durch eine Meinungskundgebung tun. Dadurch wird es möglich, der herrschenden Parteienklasse das Vertrauen und damit den Boden zu entziehen."

„Ein Volksentscheid und ein Regierungssturz?"

„Kar, wie sonst!? Entweder so oder gleich ein Marsch auf Berlin, anders ginge es wohl nicht."

„Das ist ja allerhand!", staunt Egon und schweigt.

„Ich denke zunächst an einen friedlichen Umsturz, eine Revolution durch Gewalt habe ich nicht im Sinn", erklärt Hans. „Allerdings brauchen wir Zeit und Geduld. Das Volk ist noch nicht bereit, auf breiter Front mitzumachen, allerdings könnte es bald soweit sein!"

„Müsste ein solcher Sturz nicht zuerst einmal organisiert und umgesetzt werden, und entstünde dadurch nicht ein riesiges Chaos?"

„Muss nicht sein. Wenn plötzlich Millionen Deutsche die Arbeit niederlegen, friedlich in Berlin aufkreuzen und zu verstehen geben, dass die Regierung unerwünscht ist, müssen die Parlamentarier sich dem Willen des Volkes irgendwann beugen und sich verpissen."

„So einfach …, also denen im Bundestag mal richtig auf die Pelle rücken?"

„Genau, und zwar solange, bis die sich regen."

„Uff!", staunt Schulze.

„Wir müssen die einfach zwingen aufzuhören. In einem zweiten Schritt könnte dann das Volk auf der Grundlage des Grundgesetzes eine neue Regierung wählen."

Egon rutscht auf seinem Sitz hin und her. Man merkt, wie er mit sich ringt und zunehmend unter Druck gerät. Hans bemerkt, wie unwohl sich Egon fühlt und fragt:

„Scheinst dich mit dem Gedanken an eine Volksherrschaft nicht anfreunden zu können, oder?"

„Doch, irgendwie schon", klingt es wenig überzeugt, „nur, dass ich mir noch nicht vorstellen kann, wie das funktionieren soll."

„Das wird schon, Egon. Wenn erst einmal der Funke aufs Volk übergesprungen ist, läuft das wie von selbst!"

Egon schweigt, sinnt nach und wirkt skeptisch.

„Was wir jetzt brauchen, ist mehr Druck.

„Mehr Druck?"

„Ja, von außen, meine ich. Vielleicht geschieht das durch die Flüchtlinge; die könnten unser Volk zusammenzuschweißen."

„Ach, so meinst du das! Jetzt erst verstehe ich, worauf du hinauswillst, Hans. Ganz schön clever! Vielleicht klappt das sogar, denn die Unzufriedenheit vieler Menschen ist für jeden deutlich wahrnehmbar."

„Sicher klappt das!", sagt Hans überzeugt.

Egon schweigt, scheint daran Zweifel zu hegen.

„Hast du dich eigentlich mal gefragt, warum das so ist, Egon?"

„Was genau meinst du?"

„Na, die Chose, die wir jetzt haben."

„Welche?" Schulze weiß nicht recht, worauf Hans hinauswill, schweigt deshalb lieber und zuckt ahnungslos mit den Schultern.

„Ich meine es eher allgemein …, also von wegen, es geht uns doch allen so gut!"

„Du spielst auf das Theater von der Merkel an?"

„Nicht nur auf sie, sondern auf die alle."

Egon schweigt. Hans schließt daraus, dass sein Gastgeber wohl nicht wirklich verstanden hat und erklärt:

„Ich meine, was da heutzutage in Staat und Gesellschaft alles abläuft. Geht's denn den Menschen wirklich so gut, wie die da oben stets behaupten?

Wohl kaum! In Wirklichkeit gibt es gravierende Probleme und Ungerechtigkeiten." Egon schluckt, fühlt sich unwohl. Hans lässt nicht locker und meint: „Meiner Meinung nach ist das so, weil mehr oder weniger allein die Wirtschaft unser Leben bestimmt, nur noch dieser wilde ungezähmte Raubtierkapitalismus und das Scheißgeld! Der Mensch? – Ach, der hat noch nie viel gezählt, und daran hat sich bis jetzt nichts geändert! Ein Rädchen im Getriebe der Ökonomie ist man, austauschbar, geradezu wertlos. Einen Zweck billigt man dem Menschen zu, einen nackten kalten Zweck, keinen Sinn und Wert!"

„Dann wäre es doch gut", fällt ihm der Beamte ins Wort, „wenn endlich mal Bewegung in die Sache käme. Sollen die da oben merken, dass es an der Basis nicht funktioniert!"

„Richtig! Ich sag dir, die haben noch nie was kapiert! Wie wollen die das auch verstehen? Würden sie erkennen, was genau abgeht, wären sie ja in der Lage, das Volk zu regieren. Aber dazu sind sie nicht fähig, die leben komplett abgehoben in einer ganz anderen Welt. Mit dem einfachen Volk haben diese Politiker nichts gemein. Säßen im Parlament noch Handwerker, Sachbearbeiter, Hausfrauen oder Fabrikarbeiter und nicht nur Akademiker, wäre das eine völlig andere Sache! Ich sag ja immer: Es muss sich was ändern, und es wird sich auch was ändern. Warte mal ab, was da noch alles kommt! Wir stehen zwar erst am Anfang eines Regierungssturzes, jedoch es tut sich was."

Beim Gedanken daran bekommt Schulze offenbar Angst vor der eigenen Zivilcourage. Vielleicht fürchtet er auch um seine Pension, denn er fragt seinen Gast:

„Was, glaubst du, bleibt nach solch einem Sturz am Ende übrig?"

„Gute Frage, Egon. Ich wünsche mir, wie gesagt, nichts sehnlicher als eine Gesellschaft, in der es ehrlicher und gerechter zugeht, eine Gesellschaft, in der der Einzelne zählt! Mehr will ich nicht. Von mir aus kriegen wir ein Modell wie in Schweden oder Norwegen, Sozialismus eben, aber dann wäre der Mensch wenigstens wieder ein Mensch!"

„Das wäre auch mir sympathisch, aber gleich einen Umsturz oder gar eine Revolution …!? – Na, ich weiß nicht. Davor hatte ich Bedenken!"

„Irgendwie verstehe ich dich jetzt nicht, Egon! Erstens ginge es ganz sanft und friedlich mit einem gesamtdeutschen Volksentscheid vor sich, und dann hast du vorhin doch selbst von einem *starken Mann* gesprochen!"

„Schon, das gebe ich zu."

„Und wie willst du so jemanden installieren oder anders als durch einen Umsturz in Amt und Würden bringen?"

„Durch Wahlen, sonst sehe ich da schwarz, denn deine Idee mit dem Marsch auf Berlin und dem gesamtdeutschen Volksentscheid halte ich für illusorisch."

„Hm, eine Illusion nennst du das", Hans wirkt enttäuscht, anscheinend hat er sich mehr versprochen. Beide Männer schweigen und denken nach. Dann sagt Hans, sich nun diplomatisch zeigend: „Na gut, Egon, dann lassen wir das Procedere mal offen, werde nochmal drüber nachdenken. Bin ja auch selbst eigentlich kein Radikaler, sondern Demokrat. Hauptsache, nach

einem Regierungswechsel kommen andere Leute dran."
Egon nickt und hört schweigend zu, und Hans sagt: „Mir
schwebt da jedenfalls eine sozialistische Gesellschaft
vor, denn der Kapitalismus in seiner jetzigen Form hat
sich überlebt, und die Schere zwischen arm und reich
geht auch immer mehr auseinander. Außerdem hättest
du als Beamter nichts zu befürchten."

Egon Schulze zeigt sich einverstanden und nickt dem
Skatbruder zu, ohne das Gesagte zu kommentieren. Anscheinend hat er vom Diskutieren genug, denn für ihn
ist das Gespräch in eine andere Richtung verlaufen, ja
vielleicht weiß er auch mit einer Revolution nicht wirklich etwas anzufangen?

9. Der Eklat

Inzwischen haben die beiden Männer viel getrunken und wirken müde. Sie beschließen, die noch nicht gelösten Fragen beim nächsten Mal auszudiskutieren. Hans ist im Begriff aufzustehen, als Egon erwähnt, dass seine Frau sich seit einiger Zeit in der Integration von Flüchtlingen engagiert.

„Du meinst, sie kümmert sich um *Migranten*?", korrigiert er Egon in ungewohnt scharfem Tonfall. Schulze wundert sich über Hans' Spitzfindigkeit und ist verunsichert.

„Für mich sind das Migranten und keine asylbedürftigen Flüchtlinge", stellt Hans umgehend klar. Ihn regt das Thema fürchterlich auf, weil sich wegen dieser *Schmarotzer* niemand um die Armen und Alten des Landes kümmert, die ein besseres Leben verdient hätten. Dann zieht er über die Zustände in den Seniorenheimen her, klagt die von der Politik verursachte Ungerechtigkeit an, und endet in dem Satz: „Jeder Fremde, der zu uns kommt, steht sich da besser. Die kriegen mehr, und das stinkt mir gewaltig!"

Mittlerweile hat Frau Schulze ihre Essensvorbereitungen abgeschlossen und betritt das Wohnzimmer. Sie hat die letzten Sätze von Hans' hitziger Rede aufgeschnappt und ist empört. „Wie redet ihr denn über Flüchtlinge!? Sind doch elendig arme Menschen, die zu uns kommen und dringend unsere Hilfe und unser Mitgefühl benötigen!"

„So arm sind die gar nicht, Frau Schulze!" widerspricht Hans kühl. „Die tragen alle Markenklamotten, und fast jeder hat ein Smartphone!"

„Sieh dich vor, Hans!", warnt der Hausherr seinen Gast. „Bei meiner Frau darf man in dieser Beziehung kein falsches Wort verlieren!"

„Ich muss doch sehr bitten!", sagt Frau Schulze energisch und wendet sich erneut an den Besucher, wobei sie die Bemerkung ihres Mannes ignoriert und für Flüchtlinge eine Lanze bricht: „Was macht das denn schon, wenn die Flüchtlinge ordentlich gekleidet sind und ein Handy besitzen? Sie sind vor Krieg, Hunger und Elend geflohen und suchen bei uns eine neue Heimat!"

„Elfriede", fährt Egon Schulze dazwischen, „vielleicht sollten wir zwischen Migranten und wirklichen Flüchtlingen wie den Syrern unterscheiden!" Die will von solchen Spitzfindigkeiten nichts wissen und fährt aufgeregt ihren Mann an:

„Du stellst dich also auf die Seite dieses Aufwieglers, der es wagt, diese Menschen zu verunglimpfen!? Ich habe klar und deutlich gehört, was er von sich gegeben hat, und du ergreifst für ihn Partei!? Schämen solltest du dich!"

Der Hausherr wirkt nun kleinlaut, und die hitzige Meinungsverschiedenheit, die jeglicher Sachlichkeit entbehrt, artet rasch in einen wilden Streit aus. Hans versucht, seine Ansicht zu verteidigen und wendet sich direkt an die Dame des Hauses.

„Ich hatte zuvor gesagt, dass die Migranten zuvorkommender behandelt werden und mehr bekommen, als ihnen zusteht. Damit stehen sie sich besser als unsere Landsleute, und solche Zustände nehme ich nicht hin, Frau Schulze. Ich werde auch nicht darüber schweigen, dass diejenigen, die ihr ganzes Leben lang hart gearbeitet und in die maroden Kassen dieses Staates eingezahlt haben, wie Dreck behandelt werden! Das gilt auch für alle, die nach dem Krieg unser Land wiederaufgebaut, ihre Kinder großgezogen haben und heute im Altersheim leben. Dagegen wehre ich mich, gnädige Frau!"

„Aber hören Sie mal! Was behaupten Sie denn da für ungeheure Dinge! Uns Deutschen geht es doch gut! Wir sind ein sehr wohlhabendes, reiches Land. Die paar Flüchtlinge werden wir leicht verkraften!"

„Siehst du, deine Frau glaubt auch schon an das Geschwafel der Politiker!", gießt der Gast Öl ins Feuer.

„Sie unverschämter Kerl! Wem sollte ich denn sonst glauben?"

„Ich spreche von Tatsachen, Gnädigste!"

„Sie …, Sie wagen es …!" Elfriede ringt sichtlich nach Luft und bringt nichts heraus.

„Ich erwähnte", fährt der Gast dazwischen, „dass man beispielsweise denen, die so viel für unser Volk geleistet haben und jetzt im Altersheim sitzen, pro Woche gerade mal einen lumpigen Zwanziger Taschengeld lässt! Als Flüchtling kriegt man da mehr! Davon spreche ich, nur davon. Verraten Sie mir mal, wo da noch ein Hauch von sozialer Gerechtigkeit ist? Von unserem Staat habe ich inzwischen die Nase gestrichen voll und würde mich lieber heute als morgen an einem Umsturz beteiligen!"

„Na, hör sich das mal einer an, einen Umsturz will dieser Kerl! Wieso nicht gleich eine Revolution?"

„Ja, ich gebe Ihnen recht, wieso nicht eine Revolution? Zumindest brauchen wir ein völlig anderes System, in dem es sich noch lohnt zu arbeiten und in dem derjenige, der sich Tag für Tag schindet, einen fairen Lohn und hinterher eine Rente erhält, von der er leben kann. Außerdem benötigen wir andere Gesetze, und zwar solche, die zwischen wirklichen Flüchtlingen und Sozialschmarotzern unterscheiden!"

„Sie bezeichnen Flüchtlinge als *Schmarotzer*?"

„Er meint damit doch bloß diejenigen, die herkommen, um abzukassieren und sich zu verbessern, Elfriede!", versucht Egon Schulze zu retten, was noch zu retten ist, wozu es allerdings bereits zu spät ist.

„Und was stellen Sie sich vor?", greift Frau Schulze den Gast an.

„Ganz einfach!", geht dieser in die Offensive, wie jemand, der nichts zu verlieren hat. „Wir müssen den Staat in die Knie zwingen, einen Verbrecherstaat, der seinen eigenen Leuten nicht das Notwendigste zugesteht und am laufenden Band Sozialmissbrauch verübt. Hinzu kommt, dass die Politmafia unser Volksvermögen verscherbelt, denn der Staat, das sind nicht die paar da oben, sondern das sind wir!" Schlimmeres hätte nicht gesagt werden können, das Fass ist zum Überlaufen voll.

„Sie nennen unseren Staat einen Verbrecherstaat!?"

„Ja, hab ich, und so meine ich es auch."

Elfriede redet nun sehr aufgeregt und laut:

„Noch eine solche Äußerung von Ihnen und ich rufe die Polizei und lasse Sie hinauswerfen! Unglaublich, was man sich anhören muss! Das ist nicht nur beleidigend, sondern staatszersetzend und extremistisch, beinahe ein Fall für den Verfassungsschutz!" Der Gast hat sich vom Sofa erhoben und sieht Elfriede zornig an. Er schäumt vor Wut und zittert am ganzen Leib. Man spürt, wie er mit sich kämpft und Mühe hat, sich zu beherrschen. Es gelingt ihm, die Kontrolle über sich zu behalten und die Frau seines Gastgebers reden zu lassen. Dabei wird ihm bewusst, dass er sich so schnell wie möglich aus dem Staub machen sollte, damit nicht ein *Unglück* geschieht.

„Ich kann Ihnen nur raten, sich hier nie wieder blicken zu lassen", droht die Hausfrau, „sonst werde ich Sie anzeigen! Sie sind ja schlimmer als jeder Nazi! Sie sind ein staatsfeindlicher Extremist, ein absolut widerlicher und abscheulicher Kerl!"

Hans hört ihr nicht wirklich zu. Ihm wird klar, dass er besser gehen sollte, deshalb wendet er sich an Egon Schulze:

„Es wird höchste Zeit für mich zu verschwinden." Er leert stehend und in einem Zug den Rest aus seinem Bierglas, bedankt sich beim Gastgeber und verlässt das Wohnzimmer, ohne die Dame des Hauses auch nur eines weiteren Blickes zu würdigen. Schulze geleitet seinen Skatfreund zur Tür, schiebt ihn mit einem „Bis demnächst!" beinahe aus der Wohnung und kehrt zurück. Er scheint zu ahnen, dass was ihm nun bevorsteht.

„Wie kannst du bloß mit solchem Gesindel verkehren!?", fährt sie ihren Mann direkt nach seiner Rückkehr in schulmeisterlicher Manier an. Egon steht vor ihr stramm, eingeschüchtert wie ein kleiner Schuljunge vor einem Schulmeister, der seinen Stock zum Schlag ausgeholt hat. Kaum wagt er zu atmen, geschweige denn, sich neben Elfriede aufs Sofa zu setzen. Schulze, der sich Minuten zuvor in alkoholisierter Stimmung zum Reformer, Revolutionär oder gar zur diktatorischen Lichtgestalt hatte aufschwingen wollen, schweigt und blickt beschämt zu Boden. Doch die Demütigung ist noch nicht beendet, die Schimpfkanonade nicht verebbt.

„Ist ja geradezu kriminell, was hier vor sich geht! Wir sind Leute, die was auf sich geben! Mit Anarchisten und ausländerfeindlichen Neonazis haben wir nichts zu schaffen! Unterstehe dich, noch einmal solches Lumpenpack in unsere Wohnung zu lassen! Der Kerl ist ein arbeitsloser Taugenichts, das hab ich auf den ersten Blick erkannt, mag der auch hier in der Nähe wohnen. Solche Typen können nur saufen und ihre schmutzigen

Parolen verbreiten. Den hättest du rauswerfen sollen, nicht die armen Seidels, die niemandem was zuleide getan haben! Ich hege inzwischen sogar den Verdacht, dass du bei ziemlich vielen mitgeholfen hast, sie rauszuekeln, allesamt Menschen, die viel anständiger und ehrlicher sind als du. Eines sag ich dir: Solange ich deine Frau bin, kommen mir Gestalten wie dieser Hans nicht mehr über die Türschwelle. Der steht auf einer Stufe wie Zimmermann, Hartmann und du. Diese verlogene und versoffene braune Brut! Und ihr wollt über die armen Flüchtlinge herziehen!?" Egon steht wie ein begossener Pudel da, doch seine Frau ist noch nicht fertig. „Rede bloß nicht noch einmal schlecht über Flüchtlinge oder diejenigen, die sich um sie kümmern; beim nächsten Mal riskierst du eine Anzeige!" Dann ist sie ruhig.

„War's das?", fragt er sie, nachdem sie sich eine Weile angeschwiegen haben.

„Nicht ganz! Fast hätte ich's vergessen. Sollte eigentlich eine Überraschung werden", sagt sie selbstsicher.

„Was für eine Überraschung?"

„Heinz hat angerufen!"

„Heinz?", reagiert er ungläubig, jedoch ohne Ausdruck in der Stimme.

„Er will mit uns den Silvesterabend verbringen!", sagt sie fest.

„Er will mit uns den Silvesterabend verbringen?"

„Wieso nicht!", sagt sie wie selbstverständlich.

„Heinz?", wiederholt er stutzend und immer noch völlig perplex.

„Ja, unser Sohn, den du durch deine Seidelaktion vertrieben hast!", seufzt sie schwer und ihre Traurigkeit darüber ist deutlich spürbar.

„Er hat sich nach so langer Zeit zurückgemeldet!?", fragt er ungläubig und versinkt dabei in Fassungslosigkeit. „Wieso eigentlich nicht!", erklärt Elfriede Schulze schroff.

Er scheint fassungslos und schweigt.

„Vielleicht solltest du dich fragen, wieso unsere Kinder fortgegangen sind und uns seit Jahren nicht mehr besucht haben. Doch das wird sich ab jetzt ändern! Heinz kommt morgen Abend mit Olga zu uns, und du wirst dich nicht noch einmal danebenbenehmen!"

Egon Schulze muss sich hinsetzen. Er fühlt sich höchst unwohl in seiner Haut, das ist unübersehbar. Kreidebleich im Gesicht, fällt er wie von selbst aufs Sofa

„Übrigens wollen die beiden nächstes Jahr heiraten."

„Was soll ich dazu sagen?", kommt es scheinbar gleichgültig, in Wahrheit jedoch völlig schockiert. „Soll er diese Russin doch zur Frau nehmen!"

„Genau diese Art von Sprüchen will ich künftig nicht mehr hören! Bei unserem Telefonat heute haben wir uns ausgesprochen, auch über die Seidels. Bin jetzt über alles bestens im Bilde, verstehst du!?"

Egon fühlt sich hundsmiserabel und bleibt stumm.

„Selbst dein Gespräch damals im Treppenhaus mit dem alten Zimmermann ist kein Geheimnis!", schlägt sie unbarmherzig in die dieselbe Kerbe.

„Welches Gespräch?"

„Tu nicht so unschuldig, Heinz hat es mitgehört! Er hat mitgekriegt, dass der Zimmermann die Seidels raus aus dem Block haben wollte, und du hast ihm zugestimmt, vielleicht sogar mitgemacht? Womöglich warst du auch bei den anderen Aktionen dabei?"

„Du weißt es jetzt also …", sagt er beschämt, und sie schweigt siegessicher.

„Ich war nie gegen das, was die anderen wollten", beginnt er zaghaft. „Aber glaub mir, weder habe ich mich aktiv daran beteiligt, noch ein Fenster eingeworfen oder Reifen zerstochen."

„Natürlich nicht! Dafür warst du zu schlau und zu feige! Ein braver Beamter halt, der sehnsüchtig auf seine Pension wartet und sich nichts zuschulden kommen lässt. Das musst du mit dir selbst und deinem Gewissen ausmachen, sofern du überhaupt noch eins hast. Ich für meine Person sehe jetzt klar und werde mich bei den Seidels entschuldigen, wobei das nicht annähernd reicht. Man müsste diese Familie auf den Knien um Verzeihung bitten. Und natürlich sollten wir auch Schadensersatz leisten, zumindest eine Entschädigung anbieten!"

„Und was ist mit den anderen …!?"

„Schweig! Es ist nicht vom Guten, was du sagen willst. Was man verbockt hat, dafür muss man auch geradestehen!" Egon Schulze blickt geknickt zu Boden.

„Diese Schäden mussten die Leute aus eigener Tasche bezahlen, dafür ist nie eine Versicherung aufgekommen. Wir sind nicht unschuldig an dem, was vor drei Jahren passiert ist und sollten die Verantwortung dafür übernehmen."

„Wie stellst du dir das vor, Elfriede?"

„So, wie ich es sage. Da müssen wir durch, wenn wir unsere Kinder und Enkelkinder wiedersehen wollen, und das möchte ich unbedingt. Ich habe damals zu manchem geschwiegen, aber jetzt ist Schluss damit! Man sieht ja, wohin das führt!"

„Und wohin?", haucht er kraftlos.

„In den totalen Krieg, den Untergang und in die völlige Vernichtung führt so was, damals wie heute!"

„Glaubst du das wirklich?"

„Ja, da ich bin mir völlig sicher, denn was gestern die Juden, Zigeuner und Behinderten waren, das sind morgen die Flüchtlinge und die anderen Ausländer, die hier leben! Jedenfalls werden morgen Abend Heinz und Olga zu uns zum Abendessen und zum Silvesterpunsch kommen. Ich hab sie auch in deinem Namen eingeladen."

„Deswegen hast du stundenlang in der Küche herumhantiert?"

„Habe Bowle aufgesetzt und den Braten vorbereitet."

Sie geht in die Küche, er bleibt allein im Wohnzimmer sitzen und leckt seine Wunden. So hat er seine Frau noch nie erlebt!

10. Der Hund

Kaum eine halbe Stunde später hat man sich arrangiert und wieder zusammengerauft. Als wäre nichts gewesen, sitzen Elfriede und Egon Schulze einträchtig miteinander auf dem langen Sofa und verfolgen schweigend eine Sendung am TV. Dem über Jahrzehnte eingespielten Ehefrieden und Familiensinn konnten durch Elfriedes Standpauke offenbar nicht sämtliche Grundlagen entrissen werden. Dennoch war die Wucht ihres Wutausbruchs wie ein Tornado über Egon hinweggefegt, so dass er noch benommen wirkt. Da seine Frau mit dem leidigen Thema nicht ans Ende gekommen zu sein scheint, erschrickt er heftig über ihre Frage:

„Wer war eigentlich dieser Kerl?"

„Ein Kumpel aus der Nachbarschaft. Sagte ich das nicht bereits?" Er will ihre Fragen abwürgen, versucht verzweifelt, sie zu unterbinden, doch es gelingt ihm nicht.

„Ein ganz abscheulicher Bursche", fährt sie fort.

„Mit solchen Leuten verkehrst du!?"

„Wir spielen mittwochs Skat", druckst er mit Unschuldsmiene herum.

„Und wenn schon, ich verstehe dich nicht, Egon."

Er antwortet nicht, weil er es auf sich beruhen lassen will. Soll seine Frau doch über ihn denken, was sie will. Ohnehin weiß er, dass er ein Feigling ist, ein falscher, feiger Hund! *Nicht einmal einen Finger, sagt er sich, habe ich gekrümmt, um die Ehre meines Kumpels vor meiner Frau zu verteidigen. Oder habe ich was dagegen unternommen, dass sie Hans als Nazi und Terrorist, ja sogar als Staatsfeind und arbeitslosen Taugenichts beschimpft hat?*

Dabei ist Hans doch Kommunist, zumindest ein Linker, aber das kriegt sie nicht auf die Reihe. Jedenfalls hab ich keinen Ton gegen diese Anschuldigungen und Unwahrheiten gesagt, lediglich einige halbherzigen, lächerlichen Beschwichtigungen hervorgebracht und mich deswegen nicht einmal geschämt. Er ist sich der demütigenden Schmach der Niederlage bewusst, die er durch seine Frau erlitten hat, was ihm peinlich ist. Zwar spürt er in diesem Moment seinen schalen Opportunismus und leidet unter seinem feigen Versagen, Hans nicht verteidigt zu haben. Aber kann man ihm etwas bezüglich der Seidels vorwerfen? *Nie*, sagt er sich, *hab ich konkret etwas gegen sie und die anderen aus dem Haus Vertriebenen unternommen!* Trotzdem spürt er, dass er nicht unschuldig ist und sich deswegen in Grund und Boden schämen müsste. War er nicht einer der Drahtzieher und daran beteiligt? Trotzdem fühlt er weder Scham noch Reue. Ob er überhaupt ein Quäntchen Ehre im Leibe hat? Er fragt es sich, zumal er fürchtet, Hans beim nächsten Skatabend in die Augen sehen zu müssen. *Ach, ich weiß es nicht, sagt er sich in diesem Augenblick,* kratzt sich mit beiden Händen den Kopf und fühlt sich so hundsmiserabel, als müsste er sich übergeben. *Das ganze Leben,* sagt er sich, *schmeckt mir mit einem Mal nicht mehr und ist mir zuwider. Ich weiß, dass ich kein Freund, sondern ein feiger Verräter bin. Ja,* gesteht er sich ein, *ich habe nach außen zwar eine blütenweiße Weste, in Wahrheit jedoch bin ich ein abscheuliches menschliches Schwein.* Er wiederholt dies mehrmals, als wollte er sich in seinem eigenen Mist suhlen. Dadurch geht es ihm allerdings nicht besser, und mit einem Mal wird ihm bewusst, dass er ein so kleiner Wicht ist, dass er sich nicht einmal zu schämen vermag. Alles, was er fühlt, ist, dass er eine Null ist, ein auf seinem Tiefpunkt angelangtes menschliches Nichts.

Daran kann auch das Gerede seiner Frau nichts mehr ändern, die immer noch nicht von ihm abläusst.

„Der Kerl kommt mir jedenfalls nicht mehr in die Wohnung, Egon, nie wieder, hast du gehört!?" Ihr Tonfall ist nun weniger scharf, klingt nachsichtiger, beinahe versöhnlich. Er rudert nur hilflos mit den Schultern, als wollte er sich an ein imaginäres rettendes Ufer schweigen. *Am besten*, sagt er sich, *ich lasse sie einfach reden. Wenn die Frauen in Fahrt sind, kann man sie ohnehin nicht bremsen, werde es schon überleben.*

„Da redet dieser Kerl von einem Umsturz und das in Deutschland! So was ist mir noch nicht untergekommen!", fängt sie erneut an. „Was wollte der eigentlich von dir?" Dieses Mal ist er direkt gefragt. Er muss antworten, kann nicht ausweichen oder kneifen. Was soll er sagen?

„Dass ich mitmache", gibt er zu.

„Aber das wirst du doch nicht!?", schallt es ihm wie eine Drohung entgegen.

„Wohl kaum", meint er so kleinlaut, wie er es nur vermag. Seine Gattin zeigt sich im Bewusstsein ihres Triumphs generös, seufzt tief und lässt schließlich ein „Na, Gott sei Dank!" verlauten. Egon Schulze hört aus ihrer Stimme heraus, dass der Gang nach Canossa für ihn damit vorüber ist.

Elfriede ist inzwischen im Bad. Obwohl sein Kopf dröhnt, ist Egon bemüht, seine wirren Gedanken zu ordnen. Er wird sich unvermittelt der Trostlosigkeit seines grauen Daseins bewusst und denkt an den Ruhestand. *Wenn ich pensioniert werde, sollte ich nur tun, was mir gefällt. Doch woran habe ich überhaupt Freude?* fragt er sich und erschrickt vor sich selbst und seiner inneren Leere. *Schon wahr, außer dem Fußball und dem Stammtischabend ist da wirklich nicht viel. Andere freuen sich auf ihren*

Ruhestand, mir graut davor, schon seltsam. Könnte sogar vorzeitig in Pension gehen, das Geld würde reichen. Alles kein Problem, zumal wir nicht auf großem Fuß leben. Aber was dann? Plötzlich wird ihm klar, dass er sich zu Tode langweilen und ihm tagtäglich die Decke auf den Kopf fallen würde. *Nein, das wäre kein Leben,* sagt er sich, *da wäre ein wenig Abwechslung nicht schlecht. Vielleicht sollte ich verreisen, einfach fort, nur weit weg, irgendwohin?* Schon manchmal hatte er darüber nachgedacht, einige Male sogar überlegt, nie mehr wiederzukommen oder freiwillig aus dem Leben zu scheiden. Auch jetzt beschäftigt ihn dieser Gedanke. *Was hält mich hier noch? Meine Frau vielleicht? – Wohl kaum.* Doch irgendwie will ihm das alles nicht schmecken, und die Vorstellung, vorzeitig seinen Dienst zu quittieren, hält er für abwegig und grotesk. Die Hoffnung auf einen Umsturz oder zumindest einen Regierungswechsel erscheint ihm trügerisch und auf schwachen Füßen zu stehen. *Da gibt es zu viele Fragezeichen und Unsicherheiten, vor allem beim Wie. Wie soll das vor sich gehen? Am Ende dann doch durch einen erzwungenen Regierungswechsel, wie Hans meint?* Egon hält inne, grübelt erneut, ist dabei innerlich zerrissen. *Das Volk,* überlegt er, *hat inzwischen die Nase von der etablierten Politik gestrichen voll, und geht es mir nicht genauso? So unrealistisch ist das doch gar nicht, was Hans da vorhat. Bei der Wende haben es die Ossis doch vorgemacht! Die sind auf die Straße und haben ‚Wir sind das Volk!‘ skandiert. Wer hätte gedacht, dass die das ohne Gewalt hinkriegen!? Sie haben es geschafft, durch ihre geschlossenen und friedlichen Demonstrationen ein Horrorregime wie einen Papiertiger aus dem Sattel zu heben. Niemand hätte das für möglich gehalten. Doch sie haben echt dran geglaubt und dann geschah das Unerwartete. Die haben uns im Westen schon manchmal*

was vorgemacht. Kam nicht auch der Luther von drü-
ben, ebenfalls ein Aufwiegler und Protestierer? Die Wessis
sind da anders. Die sind sich noch nie einig gewesen, da
lebt und werkelt jeder nur für sich. Vielleicht ist das ja
auch im Osten so, aber wenn's drauf ankommt und um
die Wurst geht, sind die da. Zumindest trau ich denen
mehr zu als den angepassten und auf ihr Fortkommen
fixierten Wessis. Möglicherweise haben die Ossis nichts
zu verlieren, denn irgendwie ticken die echt anders, und
auch die Rechten werden da immer stärker. Bei den vie-
len Flüchtlingen verwundert das nicht, obwohl die Ossis
kaum welche haben, schon komisch. Eigentlich gar nicht
so verkehrt, was der Hans vorhin alles verzapft hat. Und
doch kann ich es mir nicht recht vorstellen. Ach, was soll's!
Als Beamter darf ich ohnehin weder streiken noch gegen
den Staat demonstrieren. Schon bei dem bloßen Gedan-
ken sträubt sich was in mir. Ob's die Erziehung ist? Bin
doch eigentlich kein obrigkeitshöriger Vertreter! – Aber im
Ernst, kann doch nicht gegen meinen eigenen Arbeitgeber
streiken oder demonstrieren! Am Ende riskier ich dabei
meinen Beamtenstatus und die schöne Pension. Dann
wäre alles für die Katz! Wär ja blöd, das aufs Spiel zu set-
zen! Er überlegt erneut und murmelt seufzend: Ach, was
soll's, wahrscheinlich wird am Ende alles so bleiben, wie
es ist und immer schon war. Wie soll sich daran auch was
ändern? Die Flüchtlingskrise wird sich beruhigen, Pegida
und die AfD werden wieder schwächer werden, und ich
werde bis ans Ende meiner Tage eine kleine graue Be-
amtenmaus sein, was sonst? Sollen doch die anderen de-
monstrieren und ihren Arsch hinhalten, das hab ich doch
gar nicht nötig! Mich für andere auf die Straße stellen und
dabei meine Pension riskieren!? Nee, nicht mit mir! Kann
mir auch gar nicht richtig vorstellen, was der Hans da vor-
hat, vor allem nicht, wie er das hinkriegen will. Glaube

doch nicht im Ernst, dass da eines Tages Millionen Deut-
sche die Arbeit niederlegen und gen Berlin marschieren.
Deutsche doch nicht! Franzosen und Italiener? Die viel-
leicht schon. Die Franzosen würden sowas durchziehen,
die kriegen auch 'nen Generalstreik auf die Beine und
legen ein ganzes Land lahm, aber doch nicht der deut-
sche Michel! Keiner ist sich uneiniger und mehr auf sich
selbst bedacht als der Deutsche! Ach, lass doch, was geht
das mich überhaupt an?! Wenn die anderen das machen
wollen, sollen sie es tun. Wär's denn wirklich so tragisch,
wenn es am Ende keine Revolution gäbe? Klar, so wie jetzt
geht's nicht weiter, das ist wahr. So vieles ist festgefahren,
überall, wo man hinschaut, selbst bei mir. Ohnehin fühle
mich auf der ganzen Linie nicht wohl. Vielleicht trinke ich
in letzter Zeit auch zu viel? Ob ich schon Depressionen
habe? Unfug! Das rede ich mir bloß ein. Wie oft schon hab
ich andere belächelt, wenn sie mir weismachen wollten,
sie seien depressiv. Dennoch stimmt was nicht mit mir,
irgendwas hat mich erwischt. Vielleicht sollte ich mehr
an die frische Luft gehen? Der Doktor hat's mir auch
geraten. „Sie sollten weniger saufen – Alkoholika kon-
sumieren waren seine genauen Worte! – und brauchen
mehr Bewegung!", hat er letztes Mal gemeint. Hab mich
zwar mächtig drüber geärgert, aber irgendwo hat er recht.
Dufte Idee eigentlich, doch so allein rumzulaufen gefällt
mir nicht und mit meiner Frau streite ich mich ständig.
Vielleicht sollte ich wirklich einen Hund anschaffen? Gar
keine schlechte Idee! Ein Hund würde meinem Leben wie-
der einen Inhalt geben. Ich ware beschäftigt und müsste
nicht ständig grübeln oder saufen.

Seine trüben, düsteren Gedanken sowie sein Gesichtsausdruck hellen sich merklich auf. Der Gedanke
an einen Hund sagt ihm zu und gibt ihm Hoffnung.

Angesichts seiner neu gewonnenen Lebensperspektive fühlt er sich besser. Seine Frau hat geduscht und sich wieder zu ihm aufs Sofa gesetzt. Sie schauen schweigend auf den Bildschirm, während er eine weitere Bierflasche öffnet, die er sich zuvor geholt hatte. Er nimmt einen Schluck, doch das Bier schmeckt ihm nicht.

„Trink nicht so viel, Egon!", ermahnt seine Frau ihn streng.

„Dieses eine noch, danach ist Schluss", entgegnet er und nimmt erneut einen kräftigen Schluck aus der Flasche, geradezu widerwillig. Nachrichten über Demonstrationen und Gegendemonstrationen werden aus gesendet. Ein riesiger Aufmarsch in Dresden, auch Krawalle sind zu sehen. Egon ist begeistert und erneut hin und her gerissen:

„Ich sag dir, Elfriede, es wird nicht mehr lange dauern! Sieh dir das mal an!"

„Du bist ja sturzbetrunken!"

„Ach wo, kein bisschen, schau dir das an! Es geht los; genau davon hat Hans gesprochen!"

„Das ist doch Abschaum! Und keinen Ton mehr über diesen Kerl!", empört sie sich.

„Mensch, Elfriede, ich kann's nicht glauben. Die legen ja richtig los!

„Hör bloß, was die da alles von sich geben!

„Ist doch Mob, Straßenpöbel der übelsten Sorte!", ärgert sie sich.

„Ach wo!"

„Du bist keinen Deut besser als diese Fanatiker!"

„*Fanatiker*!? Rede doch nicht solchen Unsinn, Elfriede! Sind alles stinknormale Leute, sogar in unserem Alter, Leute wie du und ich, keine Idioten und Krawallmacher. Gut, vielleicht sind ein paar Chaoten dabei, aber der Rest? Ich glaube, mein Skatbruder hat recht: Es wird nicht mehr lange dauern; das Volk fängt an, es zu begreifen. Siehst du die Spruchbänder!?"

„Die verhöhnen ja unsere Regierung!", ruft Elfriede Schulze entsetzt. „Das geht mir eindeutig zu weit!"

„Das Bier schmeckt scheußlich!" Die Ehefrau ignoriert es und schweigt. Man fragt sich, was sie mehr anwidert, der Alkoholkonsum ihres Gatten oder die Fernsehbilder mit den Chaoten?

„Ich denke, ich brauch jetzt einen Kurzen."

„Muss das sein, Egon!?"

Er gibt keine Antwort und kippt sich auf die Schnelle zwei Klare hinter die Binde

„Ah, tut das gut!"

„Jetzt reicht's! Bring sofort die Flasche weg!" Sie ist inzwischen aufgestanden und sagt es in ultimativem Tonfall. Gehorsam räumt er selbst die Flasche weg, bevor sie es tut.

„Ich gehe jetzt einkaufen. Kommst du mit?"

„Willst mir den Alkohol wohl mit Gewalt abgewöhnen, wie?"

„Ich kann's nicht mehr aushalten, dass du dich jeden Abend betrinkst. Es geht einfach nicht mehr! Wenn du nicht aufhörst, lasse ich mich scheiden!"

„So einfach?"

„Ja, so einfach!", sagt sie unerschütterlich fest. Bei so viel Gegenwind lenkt er ein: „Zum Einkaufen mag ich nicht mit, aber auf einen Spaziergang begleite ich dich."

„Gut, dann kaufe ich das Brot auf dem Rückweg, und die übrigen Sachen besorge ich morgen Vormittag", zeigt sie sich kompromissbereit. Sie machen sich fertig, verlassen die Wohnung und gehen im nahegelegenen Stadtpark spazieren.

„Es regnet ja immer noch!"

„Macht doch nichts!", meint Egon, der ohne Schirm neben seiner Frau hergeht und es zu genießen scheint.

„Kein Mensch ist bei diesem Mistwetter unterwegs."

„Nur wir und der alte Mann dort drüben mit seinem Hund!"

„Was für ein schönes Bild!", muss sie zugeben. „Wie vertraut die beiden miteinander sind!"

„Was hältst du eigentlich von einem Hund, Elfriede?"

„Wie meinst du das?"

„Na, ein eigener Hund, mit dem man spazieren gehen kann wie dieser alte Mann da drüben!"

„Du denkst an später, wenn du mal pensioniert bist?"

„Ja, vielleicht, oder schon früher, wegen mir gleich morgen!?"

„Hätte nichts dagegen!"

Egon schöpft Hoffnung, sieht sie von der Seite an und lächelt ihr offen ins Gesicht. Wie lange hat er seiner Frau kein Lächeln mehr geschenkt?

„Freut mich, dass du damit einverstanden bist." Sie gehen mittlerweile Arm in Arm. Er erzählt ihr von seinem Problem mit dem alten Zimmermann und der Verwaltung, die keine Haustiere im Block dulden wollen, und Elfriede drückt ihm einen feuchten Kuss auf die Wange.

Im Discounter kauft sie ein Brot; etwas Käse und Wurst. Kurz darauf sind sie zurück in der Wohnung. Sie essen trotz der späten Uhrzeit noch zu Abend. Er schafft lediglich eine Scheibe Brot mit Käse und trinkt dazu Tee.

„Bist du krank?"

„Weil ich zur Feier des Tages mal Pfefferminztee trinke?"

„Ja, das meine ich."

„Ich mag jetzt kein Bier, hat mir vorhin schon nicht geschmeckt."

„Dann bist du offenbar krank und hast dich auf dem Spaziergang erkältet."

„Nein, es geht mir ausgezeichnet. Ich denke, ich habe mich lange nicht so gut gefühlt wie gerade jetzt."

„Tatsächlich!? – Ist doch nicht etwa wegen des Hundes?"

„Wer weiß, vielleicht doch." Seine Augen leuchten und strahlen.

„Wirklich!?"

„Ja, wieso nicht."

Nach dem Abendessen sitzen die beiden noch bis zu ihrer obligatorischen, selbst verordneten Zeit, zu der sie gemeinsam zu Bett gehen, vor dem Fernseher auf dem Sofa. Elfriede strickt an einem Pullover, Egon schaut einen Krimi. Sie murmelt halblaut, mehr zu sich als zu ihm:

„Wie mag es bloß den Kindern gehen?", und fiebert dem Besuch ihres Sohnes entgegen. Ihr Mann reagiert nicht. Sie gähnt und will ins Bett. Auch er fühlt sich müde, geht nach ihr ins Bad und legt sich zu ihr. Sie löst ein Kreuzworträtsel, er liest in einem Buch. Plötzlich flüstert er:

„Ein Hund wäre doch eine tolle Sache!"

Die Ehefrau ist in ihr Rätsel vertieft und nimmt es nicht wahr.

„Ich werde mir den schönsten und besten Hund anschaffen, den ich finde. Gleich morgen mache ich mich auf die Suche!"

Sie hat es wider Erwarten doch gehört, legt ihr Rätselheft auf die Kommode und wendet sich ihm zu.

„Egon, ich denke, du brauchst dir keinen zu kaufen."

„Wieso nicht?"

„Heinz hat mir am Telefon gesagt, dass der Hund der Seidels mehrere Welpen geworfen hat, von denen einer abgegeben werden soll."

„Das sagst du mir erst jetzt?" Mit einem Mal sitzt er aufrecht im Bett; seine Augen sprühen vor Begeisterung und strahlen Lebensfreude aus wie lange nicht mehr.

„Wollte es dir eigentlich erst später sagen, aber wenn du willst, kannst du einen nehmen", meint sie trocken.

„Mensch Elfriede, das ist ja 'ne Wucht! Und was für 'ne *Promenadenmischung* ist es?"

„Die Mutter ist eine deutsche Schäferhündin, beim Vater weiß man es nicht so genau. Hast also recht mit deiner Vermutung."

„Du meinst wegen der Promenadenmischung?"

„Ja, was sonst!", bestätigt sie und versucht eine mögliche Enttäuschung aus seinem Gesicht herauszulesen. Doch keine Spur! Immer noch scheint Egon Schulze in Glück zu schwelgen, was Elfriede Schulze scheinbar merkwürdig findet.

„Es macht dir wirklich nichts aus, dass die Welpen nicht reinrassig sind!?"

„Das sind doch die Besten und Gesündesten, weißt du das nicht?"

„Und wieso sollte das bei uns Menschen anders sein?"

„Verstehe ich nicht."

„Ich dachte dabei an Peter und seine Familie im fernen Amerika …"

„Du kommst mir jetzt mit den zwei Negerkindern!?", fällt er ihr ins Wort.

„Dieser Kelch wird nicht an dir vorübergehen!"

„Du bist ganz schön abgebrüht!"

„Na hör mal, Egon! Die beiden Kinder sind immerhin deine Enkel und Mary ist deine Schwiegertochter. Wann kapierst du das endlich?"

Egon Schulze wird ganz still. Er schließt die Augen, scheint nachzudenken. Im Bett sitzend greift er nach der Rechten seiner Frau und gesteht verlegen:

„Denke, ich habe in der Vergangenheit einige Male falsch gelegen." Zu mehr reicht es nicht, doch sie weiß, was er sagen will und freut sich. Nach ein paar Minuten sagt sie zu ihm:

„Jetzt kann ich glauben, dass sich alles vielleicht doch noch zum Guten wenden wird und dass wir uns auf Heinz' und Olgas Hochzeit als Familie wieder vereinen werden." Er nickt ihr schweigend zu.

„Wenn Heinz morgen seine beiden Welpen mitbringt, sollst du schauen, ob dir einer davon gefällt."

„Das hat er gesagt …!?", kommt es staunend.

„Hat er", bestätigt sie zufrieden und lächelt still in sich hinein. Sie freut sich, denkt aber gleichzeitig, was für ein großer Kindskopf ihr Mann doch ist.

Egon Schulze ist innerlich so aufgewühlt, dass er noch lange wach liegt. Mit seinen Gedanken ist er ganz bei seinem zukünftigen Freund und Gefährten, den er sich vorzustellen versucht. Er überlegt, was sie gemeinsam unternehmen können. Erst spät in der Nacht schlummert er endlich ein. Fest und tief schläft er, das erste Mal wieder seit langer, langer Zeit. Er weiß, dass er nun ein Anderer sein wird und auch kein Bier und keinen Schnaps mehr braucht. Allerdings ist ihm zugleich bewusst, dass ihm dann keine Zeit mehr bleibt, an einem Umsturz oder Regierungswechsel mitzuwirken, an den er in Wahrheit nie geglaubt hat. Nicht einmal enttäuscht scheint er darüber, denn er ist ein kleiner Beamter, dem es gutgeht und den eine ordentliche Pension erwartet! Und wird er fortan nicht auch einen Freund und treuen Begleiter haben, mit dem er an der frischen Luft spazieren gehen und das Leben genießen kann?

Hubert Michelis, geb. 1958 in Düren/Rheinland, wurde er 1985, nach den Studien von Philosophie und Theologie (Univ./Bonn), zum Priester geweiht. Als Franziskanermönch arbeitete er u. a. in Indien für Mutter Theresa. Als er in Taiwan seine spätere Frau kennenlernt und sich für Heirat und Familie entscheidet, muss er schließlich seine Tätigkeiten in Kirche und Orden aufgeben. Nach diversen beruflichen Neuorientierungen arbeitete Hubert Michelis mehr als zwanzig Jahre als Bankangestellter.
Mit seiner Frau lebt der dreifache Vater heute in Langen bei Frankfurt a. M. und betätigt sich als freier Schriftsteller und Maler.

Veröffentlichungen:
- „Die Bauern" (2014, Verlag Mainz)
- „Der Mörder war Sokrates" (2015, Verlag Mainz)
- „Tracy & Der Soldat" (2015, Verlag Mainz)
- „8 verhängnisvolle Kurz(e)geschichten" (2015, Spica Verlag)
- „Der Spieler" (2016, Spica Verlag)
- „8 Disastrous Short Stories" (2016, Spica Verlag)
- „Buddhas heiteres Lächeln" (2017, Spica Verlag)
- „Islamisierung Deutschlands?" (2017, SWB Media Publishing)
- „8 disastrose storie brevi" (2017, Spica Verlag)
- „16 Kurz(e)geschichten mitten aus dem Leben" (2017, Spica Verlag)

LESETIPP!

Hubert Michelis
**8 verhängnisvolle
Kurz(e)geschichten**

194 Seiten
12 x 19 cm
Softcover
ISBN 978-3-943168-81-5
10,80 € (D)

Acht Einzelschicksale mitten aus dem Leben.

Manchmal tragisch, oft voller Komik und nie ohne
beißende Ironie erzählt Hubert Michelis in seinen
Kurzgeschichten von Schicksalen, Sehnsüchten und
Selbstvorwürfen.
Mit einem Hauch philosophischer Weisheit nimmt
er den Leser mit auf die Reise eines angesehenen
Unternehmers, der den sozialen Abstieg erlebt; eines
jungen Mädchens, das sich aus der Drogensucht be-
freit; eines Malers, der in Frankreich seiner großen
Liebe begegnet u. v. m.

Der Leser wird mit den Protagonisten und Figuren
weinen und lachen, verzweifeln und triumphieren.
Entdecken Sie acht existenzielle Geschichten, wie sie
nur das Leben selbst zu erzählen vermag …

LESETIPP!

Hubert Michelis
Der Spieler
– Rien ne va Plus

420 Seiten
12 x 19 cm
Softcover
ISBN 978-3-943168-83-9
14,90 € (D)

Sein Leben lang war er ein Spieler gewesen, ein Frauenheld und Trinker! Während seiner Jugend, durch die Geliebte seines Vaters verführt, entwickelt sich der verwöhnte Fabrikantensohn zu einem Spieler. Bald verzockt er wie ein Wahnsinniger horrende Summen in Spielcasinos, an der Börse und am Neuen Markt. Er genießt das Leben in vollen Zügen – ein Dasein getrieben von grenzenloser Gier nach Macht, Geld und Sex. Liebe kennt er nicht.

Mit Fünfzig, seines Lebens überdrüssig, empfindet er nur noch Tristesse und Ekel vor sich selbst. Jetzt ist er am Ende – „Rien ne va plus!". Mit einem minutiös ausgearbeiteten Plan reist er nach Paris, um eine letzte Woche „Dolce Vita" zu erleben – und sich kommenden Sonntag, Punkt Mitternacht, in seinem Hotelzimmer zu erschießen …

LESETIPP!

Hubert Michelis
8 Disastrous Short Stories

168 Seiten
12 x 19 cm
Softcover
ISBN 978-3-946732-06-8
10,80 € (D)

Eight real-life individual fates.

After the very successful German edition now also in this English translation! Hubert Michelis tells in his short stories about destinies, desires and self-reproaches which are at times tragic, often filled with humour, never without cutting irony and a touch of philosophical wisdom. The reader is going to cry and laugh, despair and triumph with the protagonists and characters. Discover these eight essential real-life stories …

Hubert Michelis
Buddhas heiteres Lächeln

466 Seiten
12 x 19 cm
Softcover
ISBN 978-3-946732-14-3
14,90 € (D)

Leo, ein junger Priester, begegnet der schönen Australierin Jane und ist gleich bis über beide Ohren in sie verliebt. Nach langem inneren Ringen beschließt er, sein Kloster zu verlassen. Nach Janes Examen wollen sie heiraten, aber es kommt ganz anders und Leo verliert alles, wofür er bisher gelebt hat und landet schließlich als Obdachloser in Köln unter einer Brücke.

Doch es geht noch weiter bergab mit ihm. Der einstige Mönch wird zum Kriminellen, kommt ins Gefängnis und irrt, ständig auf der Suche nach sich selbst, ziellos durch die Welt, bis in Indien ein Blick aus den Augen eines alten Weisen seine Welt aus den Angeln hebt …

LESETIPP!

Hubert Michelis
**16 Kurz(e)geschichten
mitten aus dem Leben**

262 Seiten
12 x 19 cm
Softcover
ISBN 978-3-946732-25-9
12,90 € (D)

16 existenzielle, authentische und wahre Geschichten

Hubert Michelis erzählt 16 Kurz(e)geschichten mitten aus dem Leben. Manche von ihnen werden den Leser unweigerlich zum Lachen bringen, andere sezieren die Gesellschaft, die mit beißender Ironie scharf aufs Korn genommen wird. Eine Reihe von ihnen lassen den Leser bis auf den Grund des menschlichen Innern blicken und werden so zu Psychogrammen und Metaphern des Lebens.

In all diesen geschilderten Situationen oder Lebenslagen wird sich der Leser mit diesen Protagonisten freuen, jubeln, weinen oder lachen. Aber lesen Sie nur selbst und gehen Sie auf Entdeckungsreise!